我以感激的心謹將此書獻給我的摯友，

已故的貝蒂．蓋特利（Betty Gately）及

湯姆．曼尼恩神父（Fr. Tom Mannion），

其中兩個世上最出色的聆聽者。

真善美叢書

傾聽

讓聆聽觸摸生命

二版

詹姆士・沙利文 著
陳玉儀 譯

基道出版社

▼

真善美叢書

傾聽

讓聆聽觸摸生命

The Good Listener

作者

詹姆士．沙利文 James E. Sullivan

翻譯

陳玉儀

責任編輯

羅慧琪

裝幀設計

奇文雲海．設計顧問

■

出版／發行

基道出版社

香港沙田火炭坳背灣街 26 號富騰工業中心 10 樓 1011 室

LOGOS PUBLISHERS

Unit 1011, 10/F, Fo Tan Ind. Centre, 26 Au Pui Wan St., Shatin, Hong Kong

電話：(852) 2687-0331 傳真：(852) 2687-0281

網址：https://www.logos.com.hk

承印

陽光（彩美）印刷有限公司

●

7/2009 初版 5/2015 二版

Cat. No. LP759-2A

ISBN: 978-962-457-383-1

Original Edition "The Good Listener"

Published by Ave Maria Press Inc., U. S. A.

Printed in Hong Kong

刷次	10	9	8	7	6	5	4	3		
年份	2032	2031	2030	2029	2028	2027	2026	2025	2024	2023

序言

在我作為布魯克林（Brooklyn）教區的宗教諮詢中心董事及全職輔導員的二十六年裏，我有幸能夠幫助數以百計的受助者：包括神父、神職人員及一般信徒。他們都是真誠、有愛心的人，可是他們都受了傷，有些還傷得很厲害。他們都焦慮、抑鬱、情緒混亂，其中很多覺得被困及無助。

他們的傷痛深深地感動我。此外，我看到那折磨他們的傷害的核心——非常缺乏自尊心，真使我憂愁。這麼好的人卻這樣看不起自己，似乎很不一致。

對他們大多數人，我所能做到的是聆聽。讓他們知道我明白他們的感受，並且關心，而不怪責他們有這樣的感受。若身處他們的環境，誰不會有這樣的感受呢？他們的感受沒有使他們變成壞人，他們只是平常的人而已！

起初，我覺得這沒有甚麼用。在他們的痛苦面前，我覺得無助。然而，我注意到我的明白似乎有幫助。他們漸漸地開始覺得好些，認識到怪責自己有不能自控的感受是不公平的。他們便開始重整他們的內在能力去改變痛苦的景況。

可是，慢慢地，我才掌握到為甚麼我的了解能幫助他們。幫助除去他們最悲痛的部分：他們的內疚和自我憎恨。被聆聽使他們的情緒得到肯定，從而肯定和確認他們的個人價值。

整個經驗令我發現聆聽有不可言喻的能力。當我們聆聽得好，它是一個奇妙的能力。反之，當我們完全沒有聆聽又或聆聽得不好，它是可怕的災害。

為甚麼聆聽這麼有力量，原因不太明顯。當我們不被聆聽，便造成痛苦——被責備的感覺，內疚的感受，並要為我們曾做的惡事而懲罰自己的悲痛衝動。這些感受都是無意識或是半無意識的。當我們絕對沒有做錯的時候，同一的觸發機制也會引起內疚。通常我們不察覺自己覺得內疚，我們在情緒上要懲罰自己。我們只知道自己感到一團糟！

所以，這本書的目的是叫我們領會聆聽的醫治能力，並除去那纏繞著我們的不公平的內疚；我們要把這些感受帶到有意識的認知層面。只有這樣我們才能抗衡別人聆聽得不好所帶來的壞影響，也只有這樣，我們才能領會自己也可成為好的聆聽者的重要性。

我欠卡西．凱利（Cathy Kelly）一個很大的感激，她具洞察力的建議，以及不辭勞苦地替我整理手稿。同時，我也很感激約瑟．阿格尼絲（Joseph Agnes）修女協助我修訂製成品。

目錄

1

聆聽：解除壓力

幾年前有一齣精彩的電影叫《奇迹工作者》（*The Miracle Worker*），是描述海倫·凱勒（Helen Keller）那個自幼失去視覺和聽覺的不幸女人的。那是一個令人心碎的折磨，尤其是當她步入青春期及成年期。她有一個聰明的頭腦，可是無法使人明白她的思想和感受，而其他人也沒法與她溝通。她好像獨自被困在一個又冷又黑的地牢裏一樣。

結果，她像隻野獸般成長。她把食物塞入口裏，如果不喜歡，她會把它們吐出來。倘若別人制止她，她會舞手動腳地發脾氣及咬他們的手。

在其中一幕，當祖母在餵海倫的小妹妹時，海倫進到房間來，抱著她的小布娃。她開始野蠻地拉祖母裙子上的鈕釦。她的祖母於是大聲呼叫，深恐嬰孩被傷害。海倫的父母及兄長隨即跑來。

她的父親很悲傷地說：「主啊！我們要忍受到幾時呢？」她的哥哥很殘酷地說：「她是隻動物！應該和其他動物住在一起。」

只有她的媽媽明白。她媽媽不停地說：「不要，等一等！海倫想告訴我們一些東西。就是這樣！就是這樣！她想她的布娃娃有眼睛。」於是她把兩個鈕釦縫在海倫的布娃娃的臉上。當海倫伸手去拿小布娃並且撫摸它，她完全轉變過來。她把布娃娃貼近自己且放在懷裏搖它。她又坐下，平靜安祥得很。

多麼有威力的情景啊！這使我終於了解，我們每一個人是多麼需要被聆聽和明白，特別是被我們身邊親愛的人。而相對地，我們能夠成為好的聆聽者以滿足別人的需要又是多麼重要。

海倫對她的布娃娃「孩子」有著衷心、母性的感受。她希望她的布娃娃能夠有她所沒有的眼睛。當她不能令人明白的時候，她很失望，無怪乎她很粗野；而她母親的敏感卻是異常的美麗。與她的丈夫和兒子相反，她放下那自然的假設——海倫在發脾氣而已，而從海倫的觀點看。她進入了海倫的世界，所以亦能明白海倫的感受。

愛的中心

所有真摯的愛都始自這種留心而又敏鋭的聆聽。這便是耶穌所提的「向自我死去」——至少暫時放棄自己的觀點。這需要把我的看法暫時擱置一旁，使我能夠踏進另一個世界，去看另一個人所看的，去感受另一個人所感受的。沒有多少種犧牲對我來説是這麼困難的，然而，可能沒有其他的犧牲會讓你覺得如此強烈地受尊敬和尊重。

不能替代的仁慈

那敏鋭聆聽的仁慈正是能醫治痛苦傷口的觸摸。

在海倫發怒的時刻，她真正需要的，是被聆聽。如果海倫的媽媽給她一個新的娃娃，或一塊巧克力，甚至是一個擁抱，海倫也會完全不為所動。這些禮物會是傾向於滿足她母親對平安的需要，而不是海倫的需要。它們會令海倫更加失望，她會將之推到一旁。她需要的是別人明白她，並且領會她的感受。那是惟一能給她平安的東西。這實在也是惟一能給我們每個人平安的東西。

事實上，我們被聆聽和明白的需要是一個很有力的、持續的渴望。它永不會減少。它永不會停止。而我們是那麼不由自主地以全心全意去愛和祝福那溫柔及細心地滿足我們這需要的人。

聆聽的力量的來源

為甚麼呢？為甚麼被聆聽對我們這麼重要？因為好的聆聽滿足三個我們最深層的人性需要。這些需要不能用其他方法滿足：

1. 我們需要一個健康的渠道來抒發我們的感受；

2. 我們需要情感上的親密；
3. 最重要的，是我們的自尊需要被確認和肯定。

現在讓我們檢視這三點。我們會在這裏介紹第一點，然後在接著的幾章介紹其他。

我們需要釋放

為甚麼我們需要發洩感受呢？因為我們的感受，特別是那些強烈的感受，好像水壺裏燙熱的蒸氣。它們是活生生的精力，大有能力和爆炸性，一定要有些發洩的途徑。否則，它們那巨大的力量會把我們撕裂，正如若噴嘴被堵塞，水蒸氣會把水壺爆開一樣。我們只要曾與一個憤怒的人在一起，便能夠領會這一點。他像一隻野獸，一個爆炸力驚人的計時炸彈。除非那股精力的危險被除去，否則，它有潛力毀滅任何東西。

有時那原始的精力向內走，造成向內爆炸，導致嚴重抑鬱。雖然抑鬱症有時有生理成因，可是在隱藏著爆炸性怒氣的人身上最常出現，他們為自己的怒氣而羞愧到不能面對自己！

這種巨大的能力未必是毀滅性的。若在好的條件下，它可以轉化成健康並具建設性的活動。試想想這事例：一個年輕婦人的孩子的腳被汽車車輪壓著。雖然她身型細小，只有一百餘磅，但她居然舉起那輛中型汽車的一邊來救她的兒子。她對孩子的愛和憐憫把她的狂怒轉化到一個正面和健康的方向。

透過與一個留心及體諒的聆聽者分享我們強烈的感受，也能釋放這種精力。這種抒發可能是所有方法中最適當，並且最令人滿足的。當然，這也為我們帶來最大的平安。

可是，不是所有人都能為我們帶來這種愉快的釋放。我要找一個接受和明白我的感受，並且關懷我的對象。如果我們向一個不懂得聆聽，或者不尊重我的感受，告訴我「啊，你不應該覺得這樣！」的人傾倒我的感受，是不會帶來釋放的。那種令人失望的回應只會令我覺得更加糟！只有當我的感受被擁抱和確認，我才感到釋放。

另一類釋放

我們一些最強烈的需要，好像飢餓和口渴，都是在能達到它們的目標時得到釋放的。例如：我們飢餓，便要用食物滿足；口渴，便要飲水。可是，我們最有力的感受大多不能夠那樣釋放，因為它們的目標是不可達到或是被禁止的。

例如一個至愛的朋友死去時的悲痛感受。我不能使我的朋友起死回生，這目標是不能達到的。當你了解我的悲痛而不小看我的感受，我的喪友之痛便得到安慰。當你的關心和接受讓我知道我是可以悲傷的，它證明了我對我朋友的愛，我的感受便得到肯定。

同樣，我憎恨、妒忌或者對別人的配偶有性的慾念也是一樣。這些感覺不能合理地找到它們的目標。我不能因憎恨你或妒忌你而殺你！這些感受的惟一出路，是當我能夠向一個熱情、非判斷性的聆聽者傾訴——他明白我為甚麼這樣想，也不怪責我這樣想。當你能夠這樣聆聽，向你傾吐我的感受會使我得到莫大的安慰。

憎恨的感受

保羅（Paul）是個很真誠的人，他為自己憎恨一個同事而困擾，那人說了些關於他的狡猾謊言。他對我說：「神父，我感到內疚，但我不能自已。我憎恨他的膽量！我常希望他會做錯事，被開除。」

我用點頭來讓他知道我明白。當他抒發了那痛苦一陣子，我對他說：「保羅，如何可令你覺得不同？這人真的傷害你，所以很自然地你想反過來傷害他。你是不能自已的。」

我等候了一陣子。他看來有些紓緩下來，接著我便說：「保羅，其實你沒有傷害他，或沒有向人撒謊，像他對你那樣。你是比他偉大的男子漢。」

保羅看來被感動。他發覺現在不為此強烈感受而怪責自己是更為容易。那可怕的壓力便釋放出來了。

未得釋放的情緒的毀壞性

當我找不到一個好的聆聽者，我的強烈情緒會怎樣呢？恐怖、破壞性的事會發生！這樣我的感受會以暴力和傷害自己表達。我會將情緒發洩在自己的身體上，把它弄得一團糟，又或者以醜陋和傷害自己的行為間接把感受發洩出來。

當我未能宣洩這些爆炸性情緒，那精力便向內粉碎，而變成痛苦的生理癥狀：高血壓、哮喘、偏頭痛、潰瘍和關節炎等。這些令人痛苦的生理癥狀，很多時是因為抑壓的情緒不能直接和健康地抒發而引致的。

很多人嘗試藉緩和的藥物或劇烈運動去紓緩這些有力的感受。這些都是在我們壓力大的文化底下的常見「解決方法」。我們的藥房滿是止痛藥、鬆弛肌肉藥物及降血壓藥。

可是，這些步驟只會紓緩病癥，卻不能解決根本的問題。要發現引發原因並把它連根拔起，我一定要有意識辨認我那痛苦的、被困的感受，然後健康地、完全地表達它們。

一個例子

最近一套名叫《無翼的鳥》（*The Wingless Bird*）

的電影裏，一個英國軍官在第一次世界大戰戰壕的恐慌下放假回家。他實在緊繃到極點，用盡力去穩住情緒，依他的家族傳統要他所跟從的一樣。他意識到幾天後要重返前線，便開始領悟到他要表達那些感受，否則或會發瘋。

終於，他鼓起勇氣去和他哥哥的太太，一個年輕美麗的女人傾談。他實在很仰慕她，很愛她，她是最佳人選。她以真誠明白和關心的表情去聆聽。他衝口而出：「這不是戰爭！這絕對是大屠殺！」

他告訴她關於雨、泥濘、一羣羣的老鼠、撕裂的屍體、令人噁心的恐懼，以及那些總與前線保持安全距離的將軍和他們那些不合情理的指示。他說：「對不起，我給了你這些負擔，可是我沒有別的傾訴對象。」她擁抱他，說：「很高興你告訴我，很高興你能信任我！」

他的極度緊張明顯立時紓緩了。能夠傾心吐意，又有人能明白他的感受，有人關心，是多麼好的一件事。他終於可以笑，並且引用詩篇三十二篇；大衛在那詩篇稱神為「他的藏身之處」。他告訴她：「你是我的藏身之處。」我們曾經為自己的強烈感受找到一個「藏身之處」的人，都明白這是多麼大的安慰。

一條很差的路

當我找不到一個好的聆聽者，我那被困的感受會做出以下其中一樣事情。它們會攻擊我的身體，造成各樣的心因性疾病病癥，正如前面所說的；又或者更差勁的，它們會找其他途徑走出來，而那些途徑不是用來處理那股精力的。例如，我會吃得太多而且不能停止，酗酒且否認自己有問題，或者不能自拔地沉迷於迷幻藥或酒精。

這一切行為的根源，不是有些魔鬼在我裏面，而是我有未能解決的矛盾；我被困的感受未能找到一個健康的出口。

最差的「釋放」

我的情緒的最後一條出路可能是最傷害自己的：

我容許這爆炸力變成討厭的、惱人的行為。我變得好挖苦人，辱罵人，容易發脾氣。我的說話和舉止粗魯，只要小小的挑釁我便會發火大罵。我變成令人可憎的。

我們只要看看每天的報紙，便可知道這樣的事情出現得多頻密。人們的憎恨和怒氣爆發成殘酷和惡毒的行為。沒耐性使駕車者鹵莽地遇到危險。羨慕和嫉妒叫溫馴的人變成奸詐的計謀者。

若我們有機會去仔細研究這些人，我們會發現他們不是心硬的罪犯，他們只是一些普通人，沒有健康的途徑去處理他們強烈的感受。沒有人聆聽他們，沒有人體恤他們的痛苦，也沒有人關心。

一個好的聆聽者應可以除去所有爆炸性精力的危險，給他們難以置信的紓緩和平靜，使他們不用承受現在的苦澀後悔。

結論

被聆聽很明顯是我們一個很簡單又深切的需要，

不單是為我們的情緒健康，也是為我們的生理及靈性健康。好的聆聽者是一個很特別的醫治者。

思考問題

1. 你能否想到一個時刻，是你被真正聆聽而深覺得到解脫的？那時是甚麼困擾你呢？那人怎樣表達他／她正與你同在，聆聽及了解你的感受呢？
2. 你可否想到一個時刻，是你能夠這樣鄭重地聆聽別人的？你可否想到最近一次你可以這樣做的，是甚麼時刻？

2

聆聽：親密之友

我現在領悟到，當你聆聽我——明顯地了解、尊重和重視我的感受——你為我挑起重擔，是個很大的釋放。你為我消除了很多能把我撕裂的精神壓力。如果你的聆聽對我只是如此，它本身已很寶貴！

然而，這種釋放只是聆聽的醫治能力的開始。如在前面說過的，聆聽也起了促進的作用，幫我去實現另一更大的人性需要——愛和情感上的親密。

懼怕被拒絕

在我渴望愛——付出愛，尤其是被愛——的同時，常有一個很大的障礙，就是我懼怕被拒絕。

我希望你能真正認識我的全部。我希望可以在你面前完全自由、坦白、不用掩飾，不用小心翼翼地保護自己，而且不懼怕你會誤會我，看低我，知道你就是愛這樣的我。

可是我懼怕，我懼怕相反的事會發生：你不明白我，你以為我是愚蠢或愚笨的；又或者更糟的，是你會找機會擺脫我。

那種恐懼是令人癱瘓的！它令我像蚌一樣閉口不言，不能說自己真正的感受。反而談些無關重要的話題，如天氣、運動、時事，以遮掩自己真正的感受，不讓你認識真正的我。

當然，你也有你的恐懼，你也不想看似愚蠢的。所以，很多時你也喜歡加入我的猜謎遊戲。我們的談話就膚淺得像淺碟子一樣！我從不了解你，也肯定你不了解我。

我們很容易便沿這方向走，像兩條鐵路路軌，無論走到多遠也從沒交叉點，保持著一段「安全」的距離。

孤獨的盡頭

我難以打破這堵恐懼的牆。可是，當我發現你能聆聽，而且盡力去明白，我的恐懼便開始減退。我發覺我可以告訴你關於我自己的事。最初我只小心翼翼的談少量事情，以看看我對你的觀察是否正確。漸漸地，我會告訴你我深藏的祕密，羞於向別人承認的感受：我的憤怒、嫉妒和性方面的引誘。

你的明白和接納對我來說是一個新的世界，一種不可言喻的安慰的世界。無論我告訴你甚麼，你都不會小看我。你不會認為我愚蠢或者壞。你似乎明白我為甚麼有這種感受！

我現在感覺的自由實在很棒。我不再小心翼翼地說話，為暴露自己的事「太多」而煩躁。和你一起我覺得放鬆，我覺得自己被完全接納。

一個孤獨的人

多年前，我輔導一位很抑鬱的中年神父。與他最要好的兩位神父朋友在很短時間內相繼去世，祖（Joe）很掛念他們。他其他的朋友都是很好的人，可是他們不是好的聆聽者。他們都嘗試以笑話及以往在神學院的故事「逗他開心」，可是他們沒有給他機會將感受告訴他們，特別是他喪失朋友的痛楚。

每當他嘗試表達他的感受，他們都會打斷他說：「祖，來吧！你不能活在過去。你要讓它過去！」他們的用意是好的，可是，與他們一起令祖更加寂寞。

然後，在我們的一節輔導中，他似乎較為得釋放。他告訴我，他與他教區內的其中一個修女交談。他說她似乎感覺到他所感受的深深傷害。她叫他道出關於他死去的兩個朋友的事。她想知道他們是怎樣的人，和他們與祖之間的友誼的意義。

祖對我說：「占（Jim；按：作者姓名簡稱），我不能相信我竟能如此自由地將感受告訴她。她真好，她真的明白。」他垂低頭，好像為了正要告訴我的事而慚愧。「在那刻我開始哭，我覺得很慚愧，但你知，她似乎一點反感也沒有，她讓我哭，我覺得多好呢！」

那就是他們之間一段美好友誼的開始。到後來，她也告訴他自己的感受。二十年來，祖和她一直都是好朋友。他常告訴我，因著這份友誼的支持，他成為一個更好的神父和聆聽者。

通往親密的高速公路

良好的聆聽是令感情親密的第一大步，正正因為它減少我們對被拒絕的恐懼。我一旦知道你不會小看我，不會令我覺得自己愚蠢或愚笨，我對被拒絕的恐懼便會減少。這當然是沒有保證的，但那危險看來是更遙遠的！

在我眼中，你這種質素令你變得很吸引。你是一個熱情、有愛心的人，與你一起我感到喜樂。我會把握每個機會去找你，我常想與你在一起。

我最感安慰的是，當你不同意的時候，你仍然可以看到我的觀點。你可以明白我有這感受的原因。你稍後會溫柔地指出我看法的不適當地方，但是現在你與我一起在同一步伐裏，這是我在痛苦邊緣正需要的。

當你這樣聆聽我，我亦很想同樣地待你。一段真誠的友誼已經建立好基礎。漸漸地，我們開始分享自己多一些，直到我們在對方面前幾乎完全坦誠，可以分享對我們最寶貝的東西：我們的愛好，我們所憎惡的，我們的恐懼，我們的希望和理想。

愛卻沒有明白

沒有東西能代替聆聽。很美麗的身體，很有智慧的頭腦，或是吸引人的性格都不能。甚至愛的表達也不能，尤其當它們不是植根於了解和肯定。

有一次，一個受助者告訴我，他的姊姊常常告訴他，她很愛他。然而，她的愛的表達沒有令他覺得很好，反而令他覺得不自在。他不覺得感動，因此亦覺得內疚。他怪責自己冷漠麻木。

可是，當我們傾談的時候，他的姊姊很明顯完全不了解他當時的緊張情緒。當他嘗試與她分享那些感受時，她會打斷他，並且告訴他「不應該那樣想」。她的用意是好的，可是她並不了解他，這使他極其失望，尤其當她告訴他，她是多麼關心他的時候。他覺得她根本不**認識**他，又如何能愛他呢？

一個不同的世界

當我覺得被聆聽和明白，便有天淵之別。我便可以讓你的愛觸摸和溫暖我。而我對你的愛就像一種溫暖、美麗的感覺。我敢肯定當海倫．凱勒的母親明白她和回應她需要的時候，她是從未如此愛她母親的。

心靈密友

世上很少東西能夠像「心靈密友」那樣，使我們滿足。一個我愛且欣賞的，或順或逆不論如何都會在我身旁的人。那種在地上的喜樂，跟天堂的狂喜最為相近。詩人不停地宣告：「找到一個這樣的朋友，如找到財寶。」

然而，這樣的友誼不是單單尋找出來的，而是培養出來的。培養這種友誼，我們擁有的最有效「工具」，是以細心、關注和尊重去彼此聆聽的力量。

很多有可能的友誼不能順利發展的最常見原因，是我們怕被拒絕。被拒絕是非常痛苦的，我們都不想冒險嘗試，至少直到我們可以保證這不會發生。最佳的保證是你願意以真誠關注、不論斷的態度去聆聽。只要我察覺到你這些質素，我對被拒絕的恐懼便會大大減低，而且我會開始冒少許險去向你開放一些。

要達到完全和真誠的親密，當然是一個很長的過程。我們或會很快開始膽怯地踏出第一步，可是要在對方面前完全放鬆，互相開放而經歷喜樂和自由，是一個過程。這過程需要時間，並且要不斷冒險誠實地揭示自己。當我特別察覺到你會溫柔地帶我走過那對被拒絕的恐懼——察覺到你是一個好的聆聽者，真的不會傷害我的人，這過程便開始。

思考問題

1. 試想想你生命中兩三段最重要的關係。你會怎樣形容這些關係裏的聆聽質素，你聆聽他／她和他／她聆聽你的？
2. 你能夠想到過去日子裏的一段關係，是因聆聽得不好而受破損的嗎？請形容這是怎樣發生的。

3

聆聽：自尊心的鬥士

我最大的需要

我這樣極度需要被聆聽的第三個理由，較先前兩個理由更重要。這便是我的感受迫切地需要被肯定和確認，特別是我對自我價值的感受。這種需要覺得自己好的感受，不能不強調，因為自尊心是快樂的核心。

當我有這種自我價值的感受，就算環境不如意，我內心深處也會有平安。當我沒有這種自我價值的感受，沒有其他感受或財物能代替它。其他東西不能，財富不能，力量不能，名譽或娛樂也不能。如果我覺得自己不好的話，這些東西都不能令我覺得好！

就算我有非常優美的體態，每個人都羨慕我，我也不會因此開心。只要我內裏斷定我是醜的，我便不能相信我漂亮。有厭食症的人是好例子。雖然他們瘦骨嶙峋，但仍然覺得自己肥胖！

被愛的感覺跟這種從自尊心而來、可安慰人的喜樂很相近。不過，當我細察這被愛的經驗，發現被你所愛的最大喜樂，是你的愛令我如何看自己。當你愛我，你給我清楚無誤的信息：我是好的、漂亮和高貴的。就是那種喜樂使我深受感動。

保護自尊心的防衛

這便是我要建立最強和最精心的防範，去保護和提高我的自尊心的原因。我以私人雷達探測任何批評，並且在它接觸到我前把它射下來。我用否認和投射精確地查出及避開對我價值的最微小攻擊。

例如，對你認為我不好，或者不夠聰明的任何可能暗示，我都極為敏感。當我知道你這樣暗示，我會極之防衛，甚至聽不到你真正在說甚麼。

又或者，如果你暗示我妒忌，我會在你有機會說出你為何這樣想之前立即否認。我會想：「你竟敢如此說！尤其是你，你自己充滿嫉妒和妒忌！」我不會承認你可能是對的。

除非我有充足的自尊心，否則，我不能忍受任何令我覺得自己不好的批評。我會強辯：「我拿那些金錢是為了濟弱扶貧！」又或者，我用投射攻擊你：「這是你的問題，不要把你的問題擺在我身上！」我會用大量防衛來保護自己。

美化恐怖

就算當我們做出最不人道和恐怖的殘忍行為的時候，我們會把它美化一下，令它看來高貴。想像一下越戰時候在美萊村（My Lai）的大屠殺，那裏的美國軍隊根本不能接受他們濫殺無辜婦孺的事實。他們的自我意識不可能忍受那恐怖，於是他們告訴自己，他們只是執行命令——令人厭惡的命令。他們不是懦弱或不負責任，他們告訴自己，他們只是忠心的軍人。

同樣的事情最近在波斯尼亞（Bosnia）的塞爾維亞人（Serbs）裏發生。他們堅持自己沒有意圖殺戮；他們是消除國家敵人的愛國者。我們人類就是不能忍受自己憎恨自己！

提升自尊的努力

我會竭盡全力去增加我的自我價值。為了看來稍為更吸引人，我會節食至幾乎死去。我會做整容手術，使鼻子更細或者耳朵更小。犧牲從不會太大，只要令我覺得自己好些！

瑪莉（Mary）是一個四十餘歲的護士，常常迫自己不停地進修。那並不是一種對自我改進的正常慾望，或者是為工作作更好準備的健康希望，而是要表現自己價值的無休瘋狂需要。她潛意識裏覺得，自己獲得愈多學位，得到更多證書和稱讚，別人就會愈尊敬她，而她便可更欣賞自己。

她的媽媽在她年幼時對她很差，常常奚落和批評她，令她確信自己不如人，但其實她是很聰明和精力充沛的。

悲哀地，她的信念是要「證明」自己，要讓人知道她有能力讀碩士研究課程和拿到高級學位。雖然她美麗且慷慨，但她用成就來衡量自己的價值。

除了神的恩典，自尊心是人最寶貝的財寶和最珍惜的感受。它是生命中喜樂的中心泉源；這喜樂是於每個其他滿足的核心裏。我只有成功地建立自尊心，否則無法找到真正的快樂。

聆聽的威力

這便是我要成為一個好的聆聽者和需要被聆聽的最重要原因。當我們被注意，我們的感受得到別人明白和接納，這種聆聽對我們的自尊心帶來叫人驚訝的效果。這樣的聆聽表達了敬重和尊重，尊重我們及我們所要付出的，令我們感到很特別。

當你給我全部注意力，好像此刻世上只有我一個人一樣，我覺得被溫暖和關懷所包圍。你不厭其煩地進入我的世界，從我的角度去看事物；我覺得被**明白**和關心。你沒有像其他人那樣判斷或者責怪我。你明白我。你知道我的感受，並且知道我為何有那樣的感受。我甚至覺得你感同身受。

就算我為我的感受而感到羞恥，你也不會叫我感到羞恥！你會說：「占，在這些情況下你怎能不那樣想呢？來吧！你不會因憤怒而變成壞人，你只是個人而已。」

一種令人驚歎的能力

聆聽是一種神奇的能力，像一把驚人的兩刃利劍，能刺向兩個方向。當我聆聽得好，我聆聽能醫治你的痛苦，並且使你感到自我肯定。但當我聆聽得不好，就算我不是存心那樣，也令你失望。我使你以為你不值得我去聆聽，傷害你最脆弱的地方：你的自尊心。如古拉丁語所說：「當最好的事物敗壞了，便成最差的。」

所以，聆聽是種叫人驚歎的能力，一種我不能忽視的能力。我不能是中立的。我周圍的人會視我為關心、可愛的人，而他們會對自己有溫暖、正面的感覺。或者他們會視我為冷漠、不關心的人，很介意我漠不關心。他們會認為自己不夠吸引、令人生厭的，不值得我去注意。

我的聆聽能力是種挑戰，我不能逃避這特權或責任。

思考問題

1. 哪些是你年輕時最重要的成人？你怎樣描述他們對你的聆聽能力？
2. 你能夠想到一個有信心及充足自尊心的人，是可作為你榜樣的嗎？這種特質如何表現出來？

4

責備：自尊心的敵人

雖然充足的自尊心對我們的快樂和平安很重要，可是大多數人都可悲地沒有足夠的自尊心。我們大多數人都覺得自己不好，在不同的程度上認為自己不足、愚蠢，或者不夠吸引。

其中有幾個原因。一個原因是我們的文化將扭曲了的觀念加諸我們身上，這些觀念對我們有不切實際的要求，是我們很多時都沒有能力控制的。

例如我們的文化暗示，「真正」的男人是高大、健碩的。他是英俊的；根據社會標準，好看是指有輪廓分明的臉孔，完美的牙齒和一頭濃密的頭髮。當然，他到中年時便應該在商界或專業裏很有成就。

「真正」的女人則要有好的身段，豐滿的胸部，美麗的頭髮和牙齒，並無瑕疵的皮膚。她是有信心的、時尚的，並且能夠同時處理工作、家庭，以及人際關係的。

如果一個人在其中一方面不符合這些要求，例如他是矮的或者禿頭的，那麼他可能會覺得自己作為男人是有所欠缺的。他可能是一個好丈夫、父親，在生意上誠實且正直，但都不重要。他會認為那些好的質素不能補償他未達到文化「標準」下的男子氣概。

可能是好妻子和媽媽，對朋友和鄰舍敏感又富同情心的一個女人，如果她不是瘦和時尚的，可能會覺得自己作為女性是欠缺了些甚麼。她有的特質比擁有一副好身材更有女人的氣質，可是她的錯誤觀念貶低她的自我形象。

其他的扭曲

不是所有不切實際的要求皆來自我們沉浸其中的

文化。有很多扭曲了的需求是來自不愉快的童年經驗：來自父母或我們幼年時其他重要的成人，他們有意無意地對我們「應該」是怎樣的，給我們虛假和不切實際的要求。

太多父親希望兒子完成自己的渴望，成為出色棒球員。當兒子未能做到的時候，他可以感受到父親的失望。他不責怪父親，而是責怪他自己！

更多媽媽希望自己的女兒成為舞會的美人，於是迫使她早熟。那年輕的女子很快也會對自己有同樣的要求，像一套新的命令一樣。當她「失敗」的時候，便毫不留情地責怪自己。

責備：中心敵人

我們現在主要關切的，是我們每天經驗的責備對我們自我形象隱伏的持續攻擊。雖然我們通常並非有意識地察覺到，但我們的自尊心是不停地受到炮轟的：別人的責備和我們責備自己。這些內在的指控令我們覺得羞愧和內疚，因而摧毀我們的自尊心。

別人的責備

我們實際上經驗兩種責備：真正的和暗示的。當你意圖責備我，想我覺得難過的時候，便是真正的責備。當你因為我不是從你的角度看事物而奚落我，説我是愚昧的，或者因我達不到你——即使是那些無理——的期望，於是你大聲説我是自私的。我沒有每天探望你，或常常致電給你。我沒有預計你希望做到的所有的事情。我對你的感受不夠敏感，或對你的需要沒有給予足夠的回應。你毫不含糊地讓我知道我沒有顧及別人，你要我感到內疚！那麼你完全成功了。

然而，不只是真正的責備傷害我的感受，暗示的責備同樣有能力令我因內疚而侷促不安。暗示的責備，在於你令我難堪的諷刺，你把我看低的厭惡樣子，嚴厲的語氣，或甚至差勁地完全忽略我！即使無聲的暗號都有同樣的效果。當我表達意見時你懷疑地眼睛向上轉動，你無奈地歎息，所有這些暗號都好像是無聲的叫喊：「你怎能這麼愚蠢！」

無意間所傳遞的信號

即使你的信號絕對沒有責備的成分，亦可能傳達了責備的意思。你可能因為頭痛所以表情痛苦；你不回答我的問題可能因為你聽不見。我察覺這些信號，認為是我犯錯。我覺得自己一定做錯了事冒犯你。我不知道做了甚麼事是傷害你的，可是那都不要緊——我感到內疚！

這裏所隱伏的，是我甚至不能認知到我痛苦的感受是內疚。我從沒有想到。我沒有做刻薄或自私的事，所以我不明白我為何責備自己，像是我做錯了甚麼似的。我只知道我很難受。

責備是不斷的

在平常的日子，我們大多會察覺這些責備的信號很多很多次——在工作裏、家裏、地下鐵、駕車途中，或在超級市場買東西時都會遇到。那「責備」來自各種各樣的人。不單來自不喜歡我和想傷害我的人，也來自不知道他們傷害了我的陌生人。當然，來自至愛的責備是最叫人痛苦的。

每次我察覺到這些責備的信號，都會產生相同的苦惱感受：覺得不安，和模糊地自覺卑微的痛苦。雖然我沒有做到任何事值得有此下場，這些負面的感受對我來說都是不公平的，但我仍看不起自己。跟我承認明知故犯的過錯相比，我大概因這些責備的隱伏的攻擊，承受更多不安，更貶低自己的價值。

我對責備的本能反應

為甚麼是這樣？為甚麼我沒有說錯或做錯甚麼，仍要覺得內疚？縱使有原因，看不起自己仍是很痛苦的。為甚麼這樣完全不公平的時候，我仍看不起自己？這是不合理的。

就是這一點了！內疚的感受是不公平的，不合理的。整個過程是一個自我幼年開始發展的本能反應的不幸結果，就是對責備的本能反應！我明白這個隱伏的反應是十分重要的，因為它是我最少一半不應承受的內疚感受的「罪魁禍首」。

定義

甚麼是對責備的本能反應？當我察覺責備的信號時，便會引發我裏面產生一種內疚的反應。如其他本能反應一樣，我不能控制自己對責備的本能反應。這是責備刺激到我時，我感受上的自動反應。因此本能反應不是我有意識地，或者特意造成的，也不受我的意向和意志影響發生。有人責備我，或者看來是責備我，我便立即經歷內疚的反應，這種模糊地自覺卑微的不安感覺。

明白這一點是領會我們極需要好好地聆聽的關鍵。我們很多受損了的自尊心，是由聆聽得不好直接造成的。我們心情不好，不是因為我們不好。當別人忽略我們的時候，那暗示的責備刺激我們的本能反應，所以我心情不好。讓我解釋一下。

自然的本能反應

我們有些自然本能反應是與生俱來的。例如，當我的膝蓋被鈍的物件撞擊，我的腿會自動踢高。當有光照射的時候，我的瞳孔會收縮變小；當光線關掉，它會放大變大。我沒有想過要這樣做，也沒有決定這樣做。每當有外來刺激的時候，我的腳和我的眼都會自動反應。

當我的身體受冷，我發顫；當我的身體過度受熱，我出汗。那些反應都是本能反應，是人體與生俱來的自然本能反應。無論我想不想，它都會發生在我身上。我的頭腦沒有察覺，我的意志也沒有決定，是那刺激自動引發此反應。

經過學習的本能反應

我們不單只有這些自然本能反應，在我們的一生中，我們還發展了其他經過學習的本能反應及條件性的本能反應。這些反應是我們經過常常重覆的經驗，或者在某些個案，因一次震撼的經驗發展而來的。例如，我開始駕車後幾個月，便對前面汽車的紅燈產生了一個條件性的本能反應。當我看見它，我的腳便會自動剎車。如果我曾經被火嚴重燒傷，我看見火便立即感到害怕。若有人曾對我撒謊及深深地傷害我，我對人便自動起了疑心。

在我的童年，經過多次被父母稱讚和責備，我發展了兩種條件性本能反應——對讚美的本能反應和對責備的本能反應。

當我的父母認為我好的時候，他們會稱讚我。我愈是做得好和能夠幫助他們，他們便愈認同我。結果，讚美的信號開始令我覺得我是個可愛的好人。我的整個系統被條件化；當被稱讚，我的自尊心得到愉快的感受。所以，一個微笑，一個擁抱，一句溫暖的問候，別人心情好，任何讚美的信號都會在我心裏產生溫暖和喜悅的感受。

另一方面，當我的父母對我的行為不滿意，他們會以相反方式待我。他們罵我和罰我。他們告訴我，我很差，應該覺得羞恥。他們的責備使我感到很痛苦。我不單感到失去他們的愛和認同，也覺得自己應被他們輕蔑。我不好，我不可愛。

當他們在我童年的時候常常重覆地不認同我，我整個系統便會對責備產生條件化反應。由那時開始，所有責備的信號都會引發那些同樣的不舒服感受——內疚和慚愧。無論那責備是否合理，就會這樣反應！我已發展了一個對責備的本能反應！所以，責備本身便是觸發點。只要你看來惱怒或是聲調嚴厲，我便感到內疚。

偽裝的反應

那是一個本能反應的隱伏的特性，是並不依據事情的邏輯次序的。例如，如果你告訴我，我的朋友死了，那認知先進入我的腦袋裏，然後其次，觸發了我的感受。我知道我的朋友死了，知道沒有他／她，我會覺得孤單。那察覺觸動我的感受，使我悲傷。在這事例中，我知道我悲傷及為何悲傷。整個過程都是有意識的。

可是，本能反應超越我們的腦袋。它直接通往感受。如果有人在我後面響號，我會立即覺得不舒服。我對自己做錯了甚麼沒有頭緒。那「責備」的響號立即引發我的內疚。

由內心而生的責備

或許更加悲哀的，是這可怕的責備不單來自別人，正如前面所提及，它也可能來自我們自己。我可以是自己的審判者、法官和殘忍的監督。

這是怎樣發生的？我討厭內疚的痛苦感覺。為甚麼我會控訴自己？那是個可以理解的問題。自衛是大自然的首個定律。當責備令我這樣痛苦，我為甚麼會不停責備自己？

再者，我在童年沒有意識地發展了一個理想的形象，是我應該成為的人，一個卡倫．霍納（Karen Horney）稱為「我理想化的自我」。這「理想化的自我」是在腦海中一幅不自覺的圖畫——我應該是個怎樣的男人或女人，怎樣的丈夫或妻子，我應該是個怎樣的醫生、律師、護士或教師。它決定了我的性情應該怎樣的，我應該有甚麼感受，不應有哪些感受。又因為孩子的思想傾向是「全部或一無所有」的模式，所以我的理想自我形象往往是不切實際地高和要求嚴格。

例如，我想像，別人傷害我的時候我不應該發怒，我應該是安祥、從容不迫的。我想像，我不應該被性慾的思想和慾望引誘。我應該是理想的丈夫，不會為妻子和孩子而生氣。我應該是理想的太太，永不疲倦，而且常常都是幽默和快樂的。我通常沒有意識到，可是這些「指令」在我的頭腦裏，如果我不能達到，便會責罰我自己。

神啊，阻止我有嫉妒或妒忌之念！雖然那妒忌的感覺不是我有意產生的，實在不值得責備，但就算我有點懷疑自己妒忌，也會厭惡得立即否認。我的理想自我會因我有些「不好」的感受而譴責我。

高尚的理想

我們要了解不是所有理想都歸入這神經質要求的類別，這是很重要的。當一個理想是真正善良的，即實際而又可以達到的，那麼這是一個好的鼓勵，去引導我過成熟、高尚的生活。例如，待人有禮、顧及他人、真誠、溫柔、誠實和仁慈，都可以令我們有更卓越的品格。那些都是美好的理想，而向子女諄諄教誨這些理想的父母，實在是為子女和世界作了不可計算的貢獻。

神經質的理想

神經質的「理想」，是無意義的、沒有根據的內疚的源頭，是那些加諸自己或別人身上而事實上不可能達到的要求，是那些超過我生理或心理能力所能應付的對自己的期望。當這些期望成為我價值觀的一部分，它們便像一套新指令，**虛假的**指令，令我產生不必要的痛苦。

從裏面，它們持續的聲音不斷重複說：「如果你發怒便很醜陋。如果你犯錯，你真是愚蠢。若鄰居所擁有的一切，你不能同樣給你的妻子和兒女，你便不是真正的男人。如果你是平胸的，你怎能說自己是個真正的女人呢！」如此等等。

我現在領悟到，當我還是一個年青的神父的時候，我理想化的自我是不切實際得很的。我不知道我從哪裏開始有那內在要求，竟想像一個神父應該二十四小時都能夠服務人。他應該永不疲倦，當別人有不合理的要求時也不會覺得煩惱。他亦應該可以解答所有人的疑難，並且有所有問題的答案。當我察覺自己比不上這「理想」，便感到極為內疚；我是個不稱職的神父。

無意識的

我們對這個理想化自我形象不是完全有意識的。我不常察覺它在我裏面，像一個頑固的、無情的法官那樣，隨時準備宣判我。但每當我感受到這些「不應有」的感受，或者意識自己犯了一些錯誤，又或者有些生理上的限制，這個內裏的法官便會絕對無情地責備和懲罰。

縱使這些感受是完全自然的，是我所不能控制的；縱使我完全不能控制我的身體外貌；縱使無論有多聰明，每個人都會犯錯，這內在的審判仍會發生。當我意識到這些「限制」，我會立即感到內疚。我甚至察覺不到這是內疚，我只是意識到自己覺得很糟糕！

人類的悲劇

殘酷的真相是我們的自尊心常常受到攻擊：被別人甚至自己攻擊。我們大多數人都有些神經質的內疚，不公平及不該受的內疚。這是人類的悲劇。在下一章我們研究那內疚對我們造成的無情的影響時，那悲劇的範疇會更加明顯。

與聆聽的連結

那麼，那不必要的痛苦和我們聆聽的能力有甚麼關係呢？答案將會在第六章變得明顯，我們會看見重要的真相：聆聽得差令我們覺得仿似被責備一樣。我內在的聲音斷定說：「我不值得被聆聽，我一定是很愚蠢或很壞！」當你不聆聽我，有效地忽略我時，我同樣可怕地覺得自己是無價值的，就如同你特意地罵我，貶低我一樣。」

思考問題

1. 你能否想到一個你覺得直接被責備的情況？
2. 你能否想到一個具體的處境，是你（可能是無意識地）使自己被責備的？
3. 你能否想到一個你曾向別人表達責備意思的情況？

5

責備和內疚的影響

這不停的責備的結果是甚麼？責備所產生的內疚的結果又是甚麼呢？那些影響是很具毀滅性的；對它們有深切的認識是驅使我成為好的聆聽者的最大推動力。

內疚對我們有兩種影響，兩種都是痛苦和具破壞性的。首先和最重要的，是內疚對我的自尊心造成嚴重的破壞。我會小看自己，蔑視自己。這種難以忍受的感覺可以令我陷入抑鬱，不知道自己要怎樣做。最後，我可能不想進食及飲水；我可能不想跟家人及朋友說話，我只想關閉自己。

其次，內疚令我覺得有一股力量催促我去懲罰自己，令自己痛苦。這是大多數人難以理解的。如果我已感覺這麼差，為甚麼我會令自己更痛苦呢？

極為弔詭

覺得自己不好令我感到糟透了。當別人看不起我，對我來說是難受的。但在那些情況裏，我至少可對自己說：「那些人只是不明白你，他們不了解你是出於好意而行。」那想法為我帶來平安，我不是別人所想像般的那麼差！

可是，當我蔑視自己，便沒有健康的出路。這就是我內疚時如此極為抑鬱的原因。我無法改變自己是醜陋及不可愛的。我想全世界消失；我想除去這痛苦！

這看來可能奇怪和矛盾的；為減輕這可怕的抑鬱，我惟一能夠做的是懲罰我自己！去「復原」，去嘗試「彌補」我所作的「惡」。

這**正正**是我嘗試去做的。雖然沒有意圖，但其實我是為自己設置懲罰。這過程差不多是完全沒有意識的，但我真的安排自己去受苦。我不是想要更多痛苦！我不想。我罰自己是因我想用這新的痛楚去除掉其他痛楚：燙傷般的內疚，以及蔑視自己那種可怕的嫌惡。我實在正找尋從痛苦得釋放：以較輕微的痛楚代替較大的痛楚。

與我的內疚「交易」

事實上，我向那內疚的指控說：「好了！你是對的，我不好！我承認。我該受到懲罰。可是，看啊！我受到懲罰。我正懲罰自己！所以，不要用那討厭的指頭指著我！我不是那麼壞的。至少我誠實，不是偽君子。至少讓我因而覺得好些！」

如果我真的因得罪神或鄰居而覺得內疚的話，這種「補償」是合情理的。健康和成熟地負起責任，所要求的是我會因所造成的傷害而補償給你。如果我不為此作出賠償，便顯然是不公正的！可是，我們所談及的內疚是神經質的內疚——因你責備我而產生的不公平的內疚。這種自我懲罰就如引致它的神經質內疚那樣，不公正和弄巧成拙的。

雙管齊下的懲罰

我怎樣懲罰自己？我用兩種方式去做。首先，我推開愛，這是難以置信和悲哀的，但是事實！我拒絕所有讚賞。我只是不能讓自己去接受。當然，我想得到讚賞的！但當我感到內疚，我就不能容許自己去享受。當你稱讚我的時候，我侷促不安。你對我表示愛意時，我極不舒服。是的，我想要也需要愛。可是，當我感到內疚，我就不能容許自己擁有愛。因為若我這樣做，我只會更加內疚。我不單只感受到原有的內疚感，我現在也覺得自己是個偽君子。我容許你的愛意告訴我，我是好的，而「真相」是我是很壞。

所以，我不容許你為我做美好的事情。我不領受你對我的仁慈。我可以為你做仁慈的事，因而欣喜，可是我不讓你這樣做。我意識到這令你失望，但我不能控制自己。我不能讓你以我是個好人般待我，在我相信事實正是相反之時。

典型的例子

約翰（John）是我曾經遇過的其中一個最好的人，他非常仁慈而且為他人設想。他可以用數小時聆聽別人痛苦的經歷，但卻拒絕別人對他的好意。當別人讚賞他，他明顯地渾身不自在；當別人暗示他是個很好的人，他幾乎立即改變話題。

就是這樣悲哀！約翰在童年時被性侵犯，像很多被侵犯的人一樣，他怪責自己，而不是責怪侵犯他的人。那些神經質的內疚使他渾身不安，他不能容許任何愛意觸動他。數以百計的人愛他、仰慕他，但他並不容許那些溫情感動他。

任何一個輔導員都能背出很多類似的個案，那些受助者都是這樣懲罰自己。做太太的容讓丈夫，甚至子女以羞恥方式對待她們。員工的工作被注意和讚賞的時候，他們便畏縮。溫柔的好人不容許自己有任何喜樂，遇到愛慕的信號便呆住了。他們堅信自己不應得到任何愛或注意。當你勉強他們，他們只覺更加內疚。

設置懲罰

我懲罰自己的第二種方式是安排痛苦的經驗給自己。如我們所看到的，我的目的是用這些加於自身的懲罰作為「餌」，以取替蔑視自己的煎熬痛苦。

我用不同的方式來懲罰自己：我使自己置於次要的位置；我貶低自己；我揶揄自己；我特意犯愚蠢、明顯的錯誤——使別人笑我。我還會與他們一起笑。我說：「這很愚蠢，對嗎？」我拒絕照顧自己，吃得很差，或者我不修邊幅的外表反映了我對自己的厭惡。我對自己說：「對我來說，那已經足夠了。」我對自己十分差。

這是常常發生的。出色的年輕男士及女士表現自己為笨拙的、愚蠢的和拙劣的。大學生在拿到學位前幾個月退學。男人和女人在感情關係裏讓自己被利用。他們在眾人面前發出信號，叫別人不妨佔他／她便宜。

他們的朋友可能嘗試叫他們對待自己好一些，但這是沒用的。他們無意識地重視他們的痛苦，因為他們的痛苦讓他們從那更大又隱藏的自我憎恨中釋放出來。

所以，責備所觸發的內疚是極其痛苦的。它本身是痛苦的，因它使我的自尊心減少，而它帶來的結果也是痛苦的，因為它迫我拒絕愛，迫我懲罰自己。

真正的內疚對神經質的內疚

正如前面提及，明白到非所有內疚，以及不是所有自我約束或自我懲罰都是情緒上的扭曲或不公正的，這對我很重要。神經質的內疚與真正的內疚有很大分別。真正的內疚——當我故意犯了罪時所感到的痛苦，並不具毀壞性。相反地，它是健康的。

為甚麼呢？我們怎能說這樣痛苦的東西是健康的呢？因為真正的內疚是我作為有意識和有責任的成人的直接結果。當我有意傷害你，我應該羞愧，我應該為我的錯誤補償！我向你道歉和用盡一切辦法去補償，這才是公正和公平。

所以，因著一些原因，真正的內疚是健康的。首先，它是那成熟和健康的責任感的直接結果。其次，因它引起的痛苦逐漸使我懼怕罪，所以它防止我做醜陋和反社會的行為。最後，真正的內疚是健康的，因為在真正的內疚裏，我知道我的感受是甚麼。我清楚地知道自己覺得內疚，並且知道其原因。我知道我做錯了事，並且需要作出補償。我知道我應該被懲罰。

認識到這事，就是我真正內疚令我有意識和合理地較易處理我的感受。我可以為我對你所說的毀謗說話而道歉。我可以把我偷了的錢還給你。我因此可以補償我所做的惡事，然後，極為重要的，是我可以原諒自己！我可以不再內疚，重新有平安。

神經質的內疚

神經質的內疚卻很不同。我只因你責備我而感到內疚，即使你的責備是不公正的，我沒有做錯任何事。或者，我覺得內疚，因為我誤讀了你單純的信號而視之為責備。又或者，那責備來自我**裏面**——我那不切實際的理想化自我。這種內疚很不健康且很具破壞性。

當我處理神經質內疚，我不是罪人，而是受害者，極為不公正之下的受害者。雖然我沒有做任何惡事以致該受這痛苦，可是我承受內疚的所有醜陋結果。而且，因為我沒有做錯任何事，我甚至不知道所感受到的不愉快是內疚。我不知道我正在懲罰自己！所以，我永不會因補償了我的「惡行」而有滿足感。相反地，整個自我懲罰過程不斷繼續下去！

這麼困難的釋放

蘇珊（Susan）是一名三十餘歲有吸引力的女士，也是個成功的高中教師。她讓自己進入一個又一個虐待的狀況裏。她的丈夫嚴重虐打她之後，她來尋求輔導。可是，當我完成首次面談，我相信她不會接受輔導太久，以致足以讓她深入了解自己的行為。她也不會做任何事情去改變她進入如此弄巧成拙的關係的模式。懲罰自己成為她要從內疚得釋放的一種悲哀、神經質方式。她起初根本不應該感受到這內疚。

蘇珊憎恨她的父親，他在蘇珊年幼時常常打她。這憎恨是每個人都可以理解的，可是蘇珊不能理解。她為自己憎恨他而內疚，於是她**要**尋找像父親一樣的男人來懲罰自己。這是她否認憎恨感受的方法，同時亦是她為這些感受懲罰自己的方法。

她的現任丈夫是短短九年裏面的第三任。這三個丈夫都殘酷地對待她且虐打她。她的朋友都哀求她不要約會他們，更肯定不要跟他們結婚。可是都沒有用！蘇珊向她的朋友承認：「仁慈的男人不能吸引我。吸引我的是那些敢於對付我的男人。」

我對她的接納和仁慈令她渾身不自在。在五次約見後她便終止輔導，並且回到虐待她的丈夫身邊。這是神經質的內疚其中一個最悲慘的結果：受害人事實上很難去深入了解且改變。所以，那懲罰仍然不斷，他們似乎永遠不得到釋放。

此書的目的

本書的主要目的是使我們更留意這種生活中的悲

哀、不公正的痛苦。若我們明白它來自我們所經驗的持續和不同種類的責備，我們便會領會聆聽在這整過程中的角色——當我們聆聽得好的時候，作為醫治的工具；當我們聆聽得不好或沒有聆聽的時候，它是另一個責備的來源。

思考問題

在你自己的生命中，你有沒有看到這種自我懲罰的動力？在你親近的人身上，你看到嗎？

6

聆聽得不好：隱伏的責備

明白我們在幼年所建立的條件性反應，可能是使我們領會不可言喻的聆聽力量的最佳線索。聆聽力量可以建立我們的自尊心，也可以把它拆毀。

我們全被「裝上電線」，比方説，儼如一座重要的橋被敵人裝上炸藥。當你按我的讚賞按鈕時，不會有毀滅性的爆炸。相反地，我感覺很好！你的微笑，你看見我時的喜樂目光，你讚美的話，你溫暖地握著我手，你的擁抱——對我全是讚美的信號，這些信號告訴我，我又好又聰明，我是個可愛的人。

可是當你按我的責備按鈕，噢！內疚指責的「炸藥」在我的自尊心下爆發，將之粉碎。這發生得很快。因為你不喜歡我所説的，所以你批評我。我笑得太大聲，説話太柔聲，我把車駛得太接近前面的車子，你因此覺得煩擾。我忘記在商店買牛奶，所以你不悦。即使是暗示責備的任何東西！不論我因做了或沒有做的事而所帶來的功過，我立即感到內疚帶來的劇痛。

聆聽的位置

這一切與聆聽有甚麼關係？這一切都是有關的。所有！為甚麼？因為良好、敏感地聆聽令我覺得得讚賞。很特別的讚賞！所以令我覺得被肯定和有價值。不只我的意念好，我也是好的！

當你把所有注意力集中在我身上，好像那刻世上只有我一個人——這對我就是好的聆聽——你深深地感動我。你不厭其煩地進入我的世界，從我的角度看事物。那是我珍惜的。我覺得你明白我，關心我。你沒有判斷或者責備我。所有人都希望得到這樣的明白及接納。

相比任何你能說的讚美話，你細心的聆聽令我更感動，而這甚有意思。說話是容易的。不像聆聽那樣需費力和交出自己。因此，言語，令人懷疑是恭維說話。

你可能有世上最誠懇的意圖；你知道我心情不好，所以想令我覺得好些。於是你告訴我，我很好而且高尚。可是，這樣不能打動我。我欣賞你所嘗試做的，可是我並不覺得自己好了。另一方面，當你聆聽我，明白並肯定我的感受，我便很感動。聆聽中，你的讚賞是較間接的，但可能正是這個原因，它不會被懷疑。

聆聽得不好是種責備

另一方面，聆聽得不好所造成的則剛剛相反。你沒有注意我，你看來沒耐性且煩擾。你盡你所能去改變話題。你這些信號都按動我的「責備」按鈕。事實上，你是藉冷漠的態度告訴我，聆聽我說話並無價值，我的意念或感受並不具價值。

結果如同你直接責備我一樣！我立即隱約覺得自己沒有價值。顯然沒有甚麼有趣事情與我有關的時候，我甚至覺得想談論自己是自私的。我覺得噁心。不幸地，我對責備的本能反應比對讚美的本能反應更敏感。

你可能無意地給了我一個毀滅性的信息。你可能只是疲倦，或者只是因你的憂慮而分心，所以那可能是無意的責備。這對我卻沒有幫助。我視你的漠不關心為我的錯。我想我一定有些錯誤！

很難察覺

這一切裏所隱伏著的，是我隱約地感到不自在。我並不察覺我的感受是由不公平和不適當的內疚產生。因為責備是這麼廣泛，我們大部分人都承受許多這不公平的內疚之苦。不幸地，雖然我們是無意的，但我們也這樣傷害別人。

我們要努力嘗試將這深入的了解帶到有意識的認

知裏。要記得本能反應是自動的。你按門鈴，鈴便會響。同樣地，你責備我，我會覺得內疚。我會無意識地開始懲罰自己。我有一個模糊、不安的感受要補償。這全是自動的！

選擇、真理、公平，這些都不在圖畫裏。你對我的控訴不必是真的。不必是公平的。我可能剛做了一些高尚的事，但當你因此向我大聲叫喊，我便立即自動覺得自己差勁。

某些年前，我曾表示願意替一名年輕女士拿一個重包裹。但我的提議被拒絕了，真叫我苦惱。她不喜歡我的提議，反而罵我：「你這沙豬（chauvinist pig）！」我覺得很糟糕，好像我特意侮辱了她一樣。她的責備使我禮貌的舉動變成侮辱的姿態。在那一刻間，我覺得自己好像有意羞辱她一般那麼壞。

一個很普通的反應

我們應該記著，不單嚴重神經質的人發展了這種對責備的本能反應，我們所有人也是如此！就是我們中間最健康的人，當受到各種責備也承受一些神經質的內疚。

佛洛依德（Sigmund Freud）說得很簡潔：「（至少至輕微的）神經官能症（Neuroses）是我們文明的一種代價。」就算是最好的父母，也會限制他們的子女，要子女的行為合乎標準。如果他們沒有這樣做，便是疏忽的父母。他們的子女長大，卻沒有一種健康的責任感。

父母能夠教育子女有這種高尚情操的有效工具，就是稱讚和責備。稱讚是好行為的最好賞賜；而責備則是最有效的懲罰。但是所有小孩子都是以「全部或一無所有」的模式看事物，所以當他們被糾正時，會覺得自己很差和不足。當他們重複被糾正，如他們所需要的，那就算健康的孩子也會發展出對責備的本能反應。

透過一些輔導形式的幫助，如像這書的書籍，又或者一個好的聆聽者愛顧的注意，大多數成人都可以認識到甚麼是神經質的內疚。於是，當有些內疚的刺痛出現時，他們都能夠意識到自己沒有做錯甚麼。他們可以對自己說：「啊，我不壞，只是我的上司今天不開心，向我大聲吼叫。這是他的問題，不是我的問題！」這是我們對不公平的內疚的健康處理方法。

結論

我現在知道責備可對我造成的破壞——它怎樣使我感到隱約的不安，覺得自己不好，並我要為自己所做的「惡事」而作補償。我現在也能清楚看到自己怎樣「補償」。我拒絕自己極想得到的愛，因為覺得自己不配得。我設法使自己受苦。我讓自己所做和所說的看來愚蠢。我會讓別人佔我便宜和利用我。令人悲哀的，是即使我沒有做錯甚麼，這情況仍可發生。責備使整個過程開始。

我現在才知道，聆聽得不好是其中一種最隱晦的責備方式。當你聆聽我說話，你給我一個清楚的信號，就是我不值得你去聆聽，我是不足或者沒有價值的。然後整個可怕的自我懲罰的過程便開始。而可悲地，我對你也做同樣的事。

思考問題

1. 你能否想到一個你把別人聆聽得不好視為責備的情況？
2. 你能否形容一個你現在知道因自己聆聽得不好而向對方傳遞了責備的意思的情況？

7

我們聆聽得不好的方式

當我知道我不聆聽你的話會嚴重傷害你，我很害怕。我給你一個很可怕的信息——無論是有意或是無意的——你不值得我花時間及關心。

我要提高我對這方面的認識。若我詳細檢視我不能適當地聆聽的幾種不同方式，會對我很有幫助。我很容易墮進這些壞習慣裏，而不察覺我對你造成的傷害。不幸地，我最少有五種方式傷害你：

1. 拒絕聆聽
2. 假裝聆聽

3. 沒耐性地聆聽
4. 聆聽卻不明白
5. 聆聽卻沒有適當的回應

讓我們花一些時間逐個去看。

拒絕聆聽

首個和最明顯的方式是我可以完全拒絕聆聽你說話。「我不想聽！」我告訴你。「我討厭你的投訴！」或者更巧妙的：「現在不行，我沒有時間。」我簡單地拒絕你，不給你機會去解釋你的感受如何和為甚麼你有那樣的感受。

當我停下來想一下，很容易看到你因此會感到很煩惱。我無意責怪你，可是我顯得並不關心就正正這樣做了。我貶低你，我表達了你是不值得我花時間的意思。

這種阻礙最常在夫婦間出現。丈夫會說：「我需要解釋，你打斷了我，這全是誤會。」可是，她不讓他說：「不！我討厭聽你的藉口！」

這在配偶之間是令人很沮喪的。被拒絕的一方感到被自己所愛的人孤立。只要被誤會的配偶可以有機會解釋，這是完全不必要的，實令人悲哀。但是他們被困在外。

我們的朋友也會這樣對待我們，我們亦會這樣對待他們。我的朋友說：「我需要你明白。」但他只聽到：「我剛巧現在沒有時間。」我把你攔住了。那正令你覺得被責備一樣。仿如我在說：「你根本沒有值得我去聽取的地方！」

自我檢討

我不想相信自己這樣對待人，可是，如果我是誠實的話，我知道我有這樣做。我可能很巧妙地讓別人說話而不給予注意。但是那只是我攔阻別人之上所加上的虛偽！我一定要誠實地問自己：「在我的生命中，我對誰是這樣的？配偶？朋友？同事？鄰居？」

這當然是真的，沒有結果的討論可以令人很沮喪。可是讓我問自己：「為甚麼沒有結果？是否我們其中一人太自我保護？我是否肯定自己聽見你的煩惱？我是否覺得你正向我説謊？」然後，讓我嘗試更正錯誤。我可以説：「好吧，我很想和你傾談，可是若你告訴我一些我知道是不真確的東西，或是意圖傷害我的，我便不會繼續下去。」

假裝聆聽

我聆聽得不好的第二個方式是更狡猾的。我不是真的在聆聽，我假裝在聆聽。這也是很普遍的。

很多時大公司的領袖會向僱員發問卷，以徵求他們的意見及提議。他們表面上對員工的意見很有興趣，可是這往往不是事實！他們根本沒有意圖去考慮那些意見，甚至沒有閱讀那些意見。

父母也時常這樣對待自己的子女。他們假裝聆聽，可是他們不容許他們的兒子或女兒可能是對的。他們已經決定了，所以預先將子女所要表達的意念或感受排除在外。他們的「聆聽」是一個騙局。

當然，子女也時常對他們的父母犯同樣的過錯！

有些年青人已將假裝發展成一種藝術。「讓那老人家講吧，我會迎合他，然後我行我素。」這是對父親的侮辱。對於父親，這做法引發起一種如同「責備」的痛苦結果。這使父親感到自己像個傻瓜。

在幾年前，當我還是個神學生的時候，有這樣的事情發生。我與另一個神學生傾談，他假裝在聆聽。他會點頭說：「唔，唔」，但他從不望我。他常看著周圍其他神學生在做甚麼。所以，我試驗一下，開玩笑地說：「我打算刺傷院長。」他繼續點頭，說：「唔，唔，是，真有趣！」他根本沒有聽我所說的話。我停下來，覺得自己很愚蠢。

我不願意想到我曾經在談話中表現如此，我會覺得羞愧。但是，正正是這個原因，我常常意識到自己不要這樣做！讓我殘忍地對自己坦白。我在何時假裝聆聽呢？當你與我談話時，我的心思何時是在千里之外？

沒耐性地聆聽

第三種我未能聆聽的方式，是沒有使用真正聆聽所需要的耐性去聆聽。我拒絕給你時間讓將你整理所有的思想和感受。這情況下，我聆聽，可是我生氣，因為你佔用了我的時間。所以，我常常「打斷」你，給你的問題一些快的「解決辦法」。我想要的是一個「快速修理」， 以致我不需要再聽你說別的。你告訴我一個工作上又難又複雜的問題，我回應說：「告訴你的上司，你想調去另一個部門。讓他知道你不會再忍受那沒意義的東西！」其實當我說這話時，我完全不知道真正的問題所在。

可能是你太膽小，你需要勇氣去為自己說話。可能我的結論是對的：你發出信號使別人佔你便宜。真的，但是你的困難可能有其他原因。可能你完全誤會你的同事。可能你好找別人麻煩，表現出令人產生敵意的態度。可能你厭惡你的工作，而在另一個環境你會更加快樂。我不知道真正的原因，直到我耐心地給你時間去說出來！我首先要感受你的痛苦，並讓你知道我明白和關心。可是，我永遠不能幫你去改變，直到我能仔細地聆聽，以致明白你真正的問題。

太快的肯定

有時，我太快的肯定表達了我的不耐煩。我說：「不要憂慮，你的兒子會沒事的！」其實，我根本不知道是否會這樣。又或者，我立即完全同意你所說的任何東西：「啊，是，是。啊，你是對的。是，是。」這便等於說：「請你安靜！」完全一樣！我不想聽，我只是試圖催促你。

誠實的限制

當然有些時候我們真的沒有時間去聆聽。在這些時候，我們要告訴對方。你可以說：「啊！很對不起，我在十五分鐘後有一個約會。可是，我很想知道你想說甚麼，我們可不可以在明早大約十時見面？」

這便是既誠實又仁慈，也尊重我們自己和與我們有約的人。這亦對想被聆聽的人仁慈。這是比我逗留數分鐘而又很緊張我的約會，完全顯露我的憂慮為好。當我解釋為何我現在不能聆聽，你便不會覺得被拒絕或忽略。

有些時候你宣洩你的感受，但是沒有目標和方向的。有時你只是無休止地、強迫性地說話，抒發所有情緒，從一個痛苦的情況跳到另外一個。在這情況，不單我痛苦地聆聽你說話，你沒有方向的宣洩也不會對你有好處。所以，當我意識到這樣的話，最仁慈的方法是暫時停止你，並且幫助你集中。

我可以說：「我很抱歉你有這些經歷，可是，我不知道最嚴重地傷害你的是甚麼。你是否覺得你的丈夫不再關心你？那是否很傷害你？」我幫助你集中在真正的問題上，只有這樣我的明白和關心才能感動你。

在這兩個情況，我真的聆聽得很好。我只是引導對話，使之集中在焦點上，使你痛苦的感受能夠移向一個目標，而且你和我都能更明白你怎樣被傷害。

聆聽卻不明白

第四種未能聆聽的情況，是當我聆聽卻不明白你的感受。這對你來說是特別痛苦的經驗。可是，這情況難以置信地常常發生，甚至會在誠懇地想成為好聆聽者的人身上發生。

例如，喬治（George）是個五十餘歲的已婚男人。他很抑鬱，因為他的新上司不欣賞他在公司裏的豐富經驗，甚至更差的是將他看為辦公室助理。這件事很傷害他，特別在他人生的這階段，他不容易找到其他工作。

喬治初時收藏這些感受，覺得有些羞恥。「男人可以勝過這些東西的！」最後，他不能再忍受，於是他告訴太太。這是一個大災難！她打斷他，並且告訴他那天下午的肥皂劇劇情。

他很憤怒：「可惡，瑪利（Mary），你可以聽我説話嗎？」接著她覺得被傷害。她憤怒地回答：「我已受夠你的自憐了，你以為只有你經歷困難嗎？」他感到身心交瘁！這對他自尊心的打擊甚大，使他無法説話。他把自己藏起來。

當然，作丈夫的也可以同樣殘酷。珍（Jane）是名四十來歲的女士，她認為隔壁的女子是個好朋友。可是，有一天，那女子邀請所有鄰居去她的派對，但她沒有邀請珍。珍覺得很被傷害，並且被一連串的自我懷疑困擾：為甚麼她不被邀請？她有何不妥？

那天晚上，她嘗試將這事情告訴她的丈夫。值得稱讚的，他嘗試支持她，可是他完全誤會了。他說：「珍，你不需要她做你的朋友！你有很多朋友。老實說，你讓那小小的事煩擾你！」真是糟透了！用這一句決定性的說話，他輕視她所有痛楚，就像她是個愚蠢的小女孩，她讓不重要的東西煩擾她！這對她的自尊心是個很大的打擊！

在以上兩個案裏，當事人的自我都實在地被摧毀了！兩人都因他們的感受而被責備，而沒有被聆聽、明白和擁抱。他們兩人都完全被自己所愛的人殘忍地輕看！

最常見的失敗

這是那些懷著好意的人最常犯的聆聽毛病。無論我們承認與否，你和我都曾落入這類別裏。我們以為自己在聆聽，可是我們不是在聆聽我們所愛的人。我們都在聆聽我們自己，我們自己的觀點。

我們稍後會再多看這點，但至少我們要把它記下。我們不能好好地聆聽別人的最大原因，是我們不能進入另一個人的世界，不能從那人的觀點去看他的問題。我們不是透過他們的眼睛去看他們的問題，而是透過我們的眼睛！

若我站在這裏對著你，我不能看到你所看到的，不能感受你所感受的。我要去到你那裏，以你面對的方式去面對。我要透過你的眼睛看你的世界。如果有些阻礙對你來說是一座山，我若說：「啊，這只是個小土堆。」我就很殘忍。除非我看見一座山，否則我沒有真正聽到你的話！

我稍後可以嘗試幫你看見，你的恐懼是不切實際的，而你所看到的真是土堆。可是，我首先要視它為一座山，並且感受你的恐懼，明白你的憂慮，然後才能與你一起走向土堆。在此之前，你只覺得被責備，因為只有你看到一座山而別人則不然！

聆聽卻沒有適當的回應

最後我未能夠聆聽你的方式，是聽見你的話卻未能給你一個適當的回應。當我這樣做——當我不讓你知道我明白你的感受——就好像我完全沒有聽見你的話一樣！這不能安撫你，你帶著混亂和痛苦離開。

你所告訴我的，你不知道我有何想法。你不知道我明白與否，又或者我有沒有看不起你或論斷你。你冒險向我傾訴你自己的感受，而現在我把你獨自丟在「無人之地」，滿懷憂慮。

當我這樣做，雖然我有聆聽你，可是我的聆聽卻是無價值的！這就像當你幾乎因肺炎而死，我仍把盤尼西林鎖在壁櫥一樣。我的關心和明白對你一點好處也沒有。可是，有些人是這樣「聆聽」的。他們完全不承擔的，這實在殘忍。我不單沒有給予你所需要的支持，我的冷漠冷淡也成為了一個攻擊，一種貶損。你以為我的沉默是責備。你不能斷定我缺少了甚麼，你只相信你有些不妥！

一個醒目的例子

幾年前在我們辦公室的小組的一個修女，她美妙地展示了衷心的、明白人的回應對受傷害的人可帶來的意義。我留意到，當小組中有組員要分享痛苦的經驗，他們都會望著她。

一定要見過她才能明白。她的臉上展現很大的憐憫。她明白地點頭。她會用親切的語調告訴傷心的人，她為他們感到難過。她讓他們知道，她在他們的世界裏，所以她明白和關心。她表達的憐憫令他們毫無疑問地相信，她是在痛苦中與他們同在。

結論

總括來説，聆聽得不好之害處比大多數人想像的更多。它向你發出一個有力錯誤的信息，使你以為自己不妥。在這裏，我必須對自己非常坦白。絕大多數的聆聽得不好的人都不知道自己聆聽得不好。他們的防衛系統叫他們相信自己真的是好聆聽者，可是實際上，他們一直在回應自己的觀點，卻以為自己是在回應我們。

我自己的防衛系統也很活躍！我想相信自己是個

好聆聽者，一個好人，於是我假裝我是。我要誠實地搜尋自己，才能找到真相。我需要仔細地看看我可能未能聆聽的各種方式，坦誠地檢察自己。

請我的朋友誠實回答我在這方面如何，對我會有很大的幫助。他們的說話，我聆聽得好嗎？他們覺得我明白和關心他們嗎？我是否能掌握他們真正的感受？我給他們時間嗎？還是我時常都很匆忙？

如果我真的要成為一個好聆聽者，我要付上這代價！

思考問題

請思考五種我們聆聽得不好的方式：

1. 拒絕聆聽
2. 假裝聆聽
3. 沒耐性地聆聽
4. 聆聽卻不明白
5. 聆聽卻沒有適當的回應

你最經常為哪種而掙扎？請以一個具體例子說明這是怎樣顯示出來。

8

良好聆聽的步驟

我們已經提及幾種聆聽得不好的情況。現在我們要集中對抗那些欠缺體諒的失誤，並學習去聆聽和聆聽得好的方法。要好好地聆聽，有四個重要的步驟：

1. 踏出我自己的世界
2. 進入你的世界
3. 感覺你最深的感受
4. 給予一個適當的回應

1. 踏出我自己的世界

第一個和首要的條件是我一定要踏出我的世界、我的思想和感受。我要把我已先入為主的想法、偏見和我的觀點，最少在此刻放在一旁。這是一個重要的步驟，卻不是容易的！

為甚麼這樣難？因為我的需要和感受像沉重的脈膊在我裏面跳動。它們絕對需要我注意。我的痛楚，我對被明白的需要，我對被肯定的需要，都要求我的注意。我的觀點也要求嚴格。它令我覺得沒有另一種方法看事物。所以，我被引誘把全部注意力放在我的洞察和感受上，完全投入於評估我自己所說過及做過的事。

然而，要聆聽且明白你，我必須從我自己的世界逃跑出來，否則我永不看見你所看見的，或感受到你所感受的！我永遠不能滿足你對被明白和關心的需要。

我不需要永遠離開我的世界，畢竟有些時候我也需要被聆聽。如果我時常將我的看法擱下，我便妨礙我自己作為一個人的完整性。其實我不需要那樣做才能夠成為一個好的聆聽者。我必須做的是當我聆聽你的時候，離開我的世界。

我們必須知道，走出我自己的世界不等如我要同意你。我有權有自己的意見，而我的意見可能是對的！作一個好的聆聽者其實是指能看到你所看的，使我能明白你經驗了甚麼，並且與你一同感受。你需要我真誠待你；但你不需要我對自己不忠實。令人快樂的，是這是沒有衝突的，我兩樣都能做到。即使我相信你的感受是誇張了的，並且不恰當，我仍能夠明白你的感受。當我明白且與你一起感受你的痛苦，我並非表示你是對的，我是表示我明白為何你有這樣的感受。

固然，這是很難做到的，尤其當我對事實的看法與你不同。我要很集中精神，非常敏感和慷慨，才能真的聆聽你。這真是使我自己「死去」。可是，真是沒有其他辦法去開始這小心的聆聽過程。

2. 進入你的世界

這帶我們去到好好地聆聽的第二個要素。我不單要離開我的世界，還需要進入你的世界，明白你的觀點，像透過你的眼睛看你的世界一樣。

如果我認為將要來臨的考試是很容易的，我不能想像你認為它是困難的。所以，我不能明白你的憂慮或者體諒你的感受！要這樣做，我就要透過你的眼睛看這次考試。對你而言，失敗的危險是很真實的。我可能知道你很聰明，所以深信你會成功合格，但那在現時並不重要，我需要關注你的感受。

或者，你太太因升職而喜樂，可是對你來說是憂愁，因為她將會很少在家。如果我要明白你的感受，我要看到她不在家對你的意義是甚麼。我可能替你太太高興。這晉升可提高她的自尊心，而這是她所需的。可是當我聆聽你的時候，我要把那喜樂放在一旁。

再者，我們要記著這是不容易的。進入你的世界對我來說是困難的，因為我堅信我的看法是真確的。即使涉及關於我自己的感受，也會如此，例如：當你誤會我的好意而責備我。當你以為我幫助你填入息稅務表的建議是在暗示你愚蠢，你自己做不來，我會被你輕率的判斷傷害。我第一個衝動是為自己辯護。但當我這樣做，我沒有聽見你，我沒有尊重你的痛楚。

我需要進入你的世界，並看到我建議幫助你對你是一種侮辱。

當你有意隱藏你真正的感受，我要進入你的世界便會更加困難。我們「理想化的自我」常常視負面的感受為不好的、厭惡的。所以，我們便立即無意識地向自己和別人隱藏這些感受。

幾年前，在一節小組輔導裏，一個四十來歲的男人向小組表示他的生命很空虛。他是一個社會工作者，又常常幫助他人。可是沒有人察覺到他的需要而施以援手。組中的一個女人深深地感受到他的痛苦，她用最衷心和溫柔的態度，傾前對他說：「喬（Joe），你很孤單！」這是一個美好和有愛心的回應。可是，對喬來說並不是這樣。他帶著困擾的聲音喊叫：「我不是！」孤獨在他眼中是可恥的，所以他極力否認。

就算你願意我和你同在，進入你的世界仍是很困難的，當你因羞愧和恐懼努力地隱藏你的真正感受，這便更加困難。所以為了去明白你，我不能單倚靠你所說的。我要觀察你的面貌、舉止和聲線。我不能單單用耳朵，我要用我的眼和心。雖然你的嘴唇告訴我你無恙，可是我要從你的臉上看看有沒有緊張的痕迹。我要注意你的身體語言——你的僵硬，你坐在一旁把自己藏起來，你交叉雙臂把自己隔開，你逃避眼神的接觸，你勉強微笑遮掩你的憤怒和羞恥。

我要用我的心去聆聽。如果我的摯友死亡我會怎樣？非常憂傷。那麼為甚麼她失去了媽媽還會表現得如此漠不關心？如果有人惡意地中傷我，我會怎樣？我會很憤怒地責備他。這樣，我的同事被朋友出賣且毀壞他的名譽，為甚麼他看來好像並不煩惱？

當我用心地聆聽你，我更能夠察覺你的否認和明白你深層的羞辱和內疚。然後溫柔地，我能帶你走過。當你預備好的時候，我可以說：「若是我，我會因那人很憤怒！」我可以向你示範，讓你感覺到你是可以憤怒的。

3. 感覺你最深的感受

作為一個敏感的聆聽者的第三個條件，不如先前那兩個重要，但也可以幫助減輕你的痛苦。就是我要尋找你最深的傷害：最困擾你的東西。

當你受傷害，通常是有幾件事情困擾你。你的丈夫把弄髒的衣服掉在地下；他咳嗽的時候沒有掩口；他沒有替你拉椅子；當他看電視球賽時，你跟他說話，他只聽見你說話的一半。

所有這些事情都傷害你。當我以明白和關懷去回應任何其中一項，那回應對你都大有幫助。當我能夠辨認出你最深的痛苦，並且以明白和支持去回應，我便給予你最大的幫助。我怎樣做到的呢？是要認識到，最痛苦的傷害，通常是對自尊心的傷害。潛在於你所有痛苦感受裏的，是你覺得自己愚蠢或不好，或是你對自己無力去改變你的痛苦景況的那種可怕感覺。

當我領會你那特別的傷害並且回應，對你來說是很安慰的。我沒有忽視你其他的痛苦。我當然明白與不體貼的丈夫同住是很困難的。但我可以加上：「我在想，這些都令你覺得他不在乎你！」我幫助你去指出這應是你最深刻的痛苦，而且我嘗試去回應那對你自尊心的打擊，以及你因自己對他的憤怒而產生的內疚。

可能你的朋友都賺取豐厚薪金，而你在事業上則不甚如意。當你嘗試分享對你來説是一個很有意義的經驗時，你的朋友用一些不合理的評語打斷你的説話。所有這些都傷害你，但歸根結柢的是這些傷害都是在對你説——你沒有甚麼價值，你比不上別人。當我讓你知道我領會你所告訴我的，對你來説很重要。這樣我的聆聽和回應便是真的敏感。

幾年前，我輔導一個中年高中教師湯姆（Tom）。他因沒有被委任為新校長而很失望。所有教職員，包括湯姆自己，都期望他會被選中。有很多痛苦的感受折磨他：傷害，因他令家人和朋友失望；憤怒，因為這委任顯然是論「政治」而不是論功勞；難堪，因為其他教職員問他：「發生了甚麼事？」好像他有些祕密的限制，影響了他的機會似的。

所有這些感覺都很痛苦，但我察覺到他最大的痛苦是他覺得自己不能幹和不能勝任。我覺得這傷害他很深；我知道，此刻他不會相信對他的能力和才華的讚許。所以，在之後幾次約見，我都陪伴他傷痛。然後，當他不再因失去而那麼抑鬱，我便說：「你知道甚麼令我痛苦？就是那些迂腐的政治使學生失去接觸那精彩和富創造性的課程的機會，就是你將會為他們所引入的。以及從你身上學習良好榜樣的機會。真是可惜啊！」

湯姆對我微笑，部分是因我的衝動，但我感覺到主要是因為我聽見了他最深的痛苦，而且肯定了他的自我價值。

4. 給予一個適當的回應

好好地聆聽的最後一個條件，是我要對你所分享的作出適當的回應。這步驟是很重要的。當你在傷痛裏，你需要我以衷心和關懷去回應，讓你看到我明白和關懷。我內心明白是不足夠的，那不能感動你，除非我清楚、適當地讓你看到。你需要知道我明白你的感受。你要有具體證明我並不因此而責怪你，你才會停止責怪自己。

當我不能清楚地給你我明白的信號，你便會陷入可怕的困惑。你會立即開始設想最壞的情況：我在論斷你，我想你一定是很可惡的人，以致你有那些感受。我的沉默令你覺得被責備。

所以，我給你一個適當的回應是很重要的。怎樣？我可以怎樣做到呢？我要發表出色的講話嗎？還是給你一個解決問題的答案？我要給你一服鎮靜劑即時應付你的痛苦嗎？不。絕對不！我的回應可以是簡單的語句：「嘩，那真是難！」或者，「啊！我真替你難過！」那真誠、表達感受的回應，勝過一篇長長的演説。詞彙是不重要的，重要的是我感受到你的感受，和我的語調表示我明白。

或者我的回應是一個衷心的舉動，而並非言語。我捉住你的手，緊握著你的手；我用雙臂環抱你，擁抱你。我可能顯露一個痛苦的表情，使你知道我感同身受。最重要的是我明白你的痛楚，替你難過，而且我關心！

幾年前我曾與一位年青的神父丹（Dan）一起工作。自從他的母親在幾年前死去，他便很抑鬱。令他更感困難的是他父親再婚，年青的神父不能接受父親的第二任太太，結果他很少回家。這樣令丹的父親很傷心。他很愛丹，不想見他離開。於是，父親安排他們三人一起去卡茲凱爾斯（Catskills）度假，丹的母親在世時他們常去這地方。丹害怕回到那裏，特別是與他的繼母一起。但他很欣賞他的父親嘗試保持以往的親密，於是他答應去。

可是當他去到那地方，丹充滿一股懷舊之情。他説失陪，然後去到母親在世時他們常租的一個別墅。他坐在梯級上，雙手掩面。回憶就好像一股洪流淹沒了他。不久，他的父親來到坐在他身旁。他們在那裏靜默地坐了約二十分鐘。然後丹的父親用手搭著丹的肩膀，說：「丹，我知道你的感受如何，我知，我也愛她！」他倆坐在那裏哭，坦然地哭。

那便是聆聽！如果那人停留在自己的世界，他可以跟他兒子説很多傷害的説話。他可以責備他把假期弄得一團糟，又或者他可以嘗試強迫他關注繼母的感受。但是，這人知道如何聆聽。他暫時把自己的觀點放下，而從兒子的觀點看。當他這樣做，他感受到兒子的痛苦。

這年青的神父之後告訴我：「占，我從來沒有如那一刻般那麼愛我的父親！」這並不出奇。被聆聽和明白對我們來說是很有意義的。好好地聆聽是愛的行動，我們可以它代替保羅在哥林多前書的動人篇章（林前十三章）裏的「愛」字。可嘗試這樣改寫那章：

> 我若能說萬人的方言，並天使的話語，卻沒有聆聽，我的說話就成了鳴的鑼，響的鈸一般。我若有先知講道之能，也明白各樣的奧祕，各樣的知識，而且有全備的信，叫我能夠移山，卻沒有聆聽，我就算不得甚麼。我若將所有的賙濟窮人，又捨己身叫人焚燒，卻沒有聆聽，仍然與我無益。
>
> 聆聽是恆久忍耐，又有恩慈；聆聽是不嫉妒；聆聽是不自誇，不張狂，不做害羞的事，不求自己的益處，不輕易發怒，不計算人的惡，不喜歡不義，只喜歡真理；……凡事相信，凡事盼望，凡事忍耐……聆聽是永不止息……

當我們學習敏感、關心地聆聽，我們就真正學習愛！

思考問題

想一想好好地聆聽的四個步驟：

1. 踏出我自己的世界
2. 進入你的世界
3. 感覺你最深的感受
4. 給予一個適當的回應

你能否想到一至兩個特別有技巧的聆聽者？試形容他們怎樣實行這些步驟。

9

了解我們聆聽的工具

到這刻，我明白當我增強你的自信心，我是給你一份比金更珍貴的禮物。我給你一份你自己的美妙禮物：美好地，衷心地欣賞你的美麗和長處，是所有真正快樂的中心。相反地，當我削弱你的自尊心，就算是有限程度的，我也是侵襲你最脆弱的地方，我令你很痛苦和感到被侮辱。

這也是很清楚的，那可以很快地侵蝕和毀滅你自尊心的機制，是那致命的責備機制。當我表達責備的意思，我以如一陣雨般的致命的箭粉碎你的自尊心，令你承受各種的痛苦，感到內疚和自己醜陋。我令你內裏產生強烈、持久的衝動去懲罰自己，令你有一種模糊的感覺要補償你的「惡行」。

似乎很不一致，大多數時候你都沒有甚麼過失叫我有理由責備你。你不是惡毒或可憎的。你沒有做任何傷害我的事。問題是我內裏的「東西」：我暴躁的心境，我不實際的要求，我不夠敏感。然而，我的責備燃起了常在你裏面的令人可怕的炸藥，是一直等待爆發的。

聆聽得不好可能是最常出現的責備形式：當你需要被聆聽時，我不夠敏感；當你受傷並渴望有人了解及關心時，我的注意力被其他事佔據了。我不需要直接責備你以打擊你的自尊心，我只要不聆聽你便行了。那給你一個同樣壞的信息：「你不值得我花時間！你不可能有有價值的話要說！」於是你覺得內疚，認為不敏感的是自己，而不是我。

我可以很容易和不經意地令你極之痛苦。當我看見我的力量，我要採取必須的步驟，以致我永不會再次造成這種痛苦。我要學習上一章的例子，丹的父親的例子。他做了所有正確的事，並且做得很好。結果是一個美妙的醫治，對他們來說都意義重大。

很清楚的對比

當我用一個在你和我互相傷害時常常發生的例子，跟那例子作對照，我便能欣賞好好地聆聽。當發生那樣的事，我們同樣感到那痛楚，而除了自己的痛，我們都不情願理會任何事。我們都不能脫離自己的世界。我們都覺得要令對方明白和道歉。

我不是說那些情緒是難以明白的，它們是可以明白的。我們因被誤會的「責備」而產生的內疚是很痛苦的，我們極有衝動要盡快除掉它。

那是多麼悲哀！我倆都有獲得聆聽的合理需要。悲哀的是我倆都需要在同一時間被聆聽。於是，沒有一個人想聆聽對方。兩人都覺得失望以及彼此疏遠了。這常常發生，是一個痛苦的、全敗的局面。

我要對自己在這些情緒上的冷淡很醒覺。我們其中一人要打破僵局，先聆聽。我要訓練自己去擔當這角色。

我可以看到這是好好聆聽最困難的部分——由我的世界到你的世界的困難之旅。我要著意花很多努力去放下我飢渴、渴望得到的滿足——你先明白我。我要以先去明白你為我的目標。

溝通的工具

可是，為甚麼我這樣難進入你的世界是有另外一個原因的。不單我拒絕離開我的世界，我也對我們的溝通工具缺乏認識。就算我真是很有誠意地從你的角度看事物，我仍很容易誤解你，因為我不熟悉你表達思想和感受的方式。

所以，我研究人類溝通的過程，熟悉你和我在表達我們自己時所用的工具，是很重要的。它們是我們僅有的工具，而不幸地它們都是很有限的。

為甚麼要特別的工具？

你或會問：「為甚麼我們需要特別的工具去溝

通？」簡單的原因是我們都是被折斷的，與別人的思想和感受隔絕。我們的身體或許同在一處，但在我們的思想和感受裏，我們是孤寂的，像我們是在分離的幽暗地牢中——如我們都被單獨監禁。

我們看不見對方的思想。我們察覺不到對方的感受。我們與對方溝通的惟一途徑是透過一個複雜的信號系統——有密碼的信號——好像摩斯電碼的點和橫間的。不管我們知道與否，我們給對方的每個信息都是有密碼的：我自己設立的密碼，通常與你的密碼不同。在真實的層面，我們像巴別塔的人。我們說不同的語言！

在天堂就不同了，因為在天堂我們可看見對方的意見和心。我會直接清楚地看見你的思想，如同我現在能看你的面。而你也會清楚地看見我的感受，如同你現在看見我在你面前。這會是很美好的，因為那便不再會有誤會。

可是，直到我們到天堂前，我們要勉強接受我們最基本的工具，並我們常常矛盾的信號。這便是聆聽和明白對我們是這樣困難的第二個原因。好吧，請先看看我們的工具和我們可以怎樣儘量利用它們。甚麼是我們溝通的工具？我們有三種重要的工具，我們可以稱它們為我們的傳送器、解碼器和澄清器。

我的傳送器

首先，我有一個傳送器去輸送我的信息。我用甚麼信號呢？最重要是我的言語。可是面部表情、眼淚、笑聲和我說話的語調全都計算在內。我的舉止也是我的信號系統的一部分——我站立的姿勢，我的表情，我是否望著你，甚至我呼吸的方式，總言之，我所表達的全部的態度。

所有這些發給你的信號，令你能夠看見我內心世界的一幅畫。這些向外表達的信號以密碼表達我內裏的思想和感受。

我的解碼器

我的第二個工具是解碼器，是我用來詮釋和明白你對我所發出的信號的。如果我要明白你的信息，我便要拆解你的信號。

我的耳朵可以聽你說的話及你說話的語調。我的眼能看到你的表情及你所表現的態度。我可以用我的眼和耳朵觀察你的信號。可是，這些信號的意思是甚麼？你通過這些信號所給我的信息是甚麼？我的眼睛和耳朵不可告訴我。拆解你信息的工作是由我的解碼器，我的頭腦和我的心負責！

我在說甚麼？我說你傳送給我的**所有**東西都是有密碼的。我要將你的信號解碼，它們才能有意義。例如，假設我皺眉頭，那是甚麼意思呢？它可以有很多種不同意思。它可以指我對你所做的並不同意。它也可以指我有些混亂。我皺眉頭也可以表示我痛苦。同一個信號可表示不同的思想和感受。究竟它是甚麼意思，視乎我給它甚麼意思，視乎我的密碼！

或者，我以雙手掩面，這是甚麼意思？它可以指我很憤怒，可以指我興高采烈，也可表達失望。

又或者，我站在你面前交叉雙臂。這是甚麼意思呢？它的意思可以是我覺得害羞或者害怕。它也可以表示一個警告：「先生，聽著，你要小心點！」它也可表示冷漠。我的沉默可以是我正真誠聆聽你的信號，但是也可能是我在發怒或我很悶的信號。

我們的言語、面部表情、舉止，我們所有的信號可以廣泛地表達不同的意思。甚至我們的微笑也有不同的意思，有時甚至是**相反**意思！我的微笑可以指我很愉快或者我很憂愁，卻想掩飾。它可以表達熱情，可以表達憎恨：「我捉到你了！」

所以，解碼是聆聽最困難的部分。很明顯，為甚麼我要進入你的世界：因為你的信號對我沒有清楚的意義，直到我知道你的密碼為止。

正如我們所見，我最大的引誘是用我的密碼去解釋你的信號，而不是用你的；我留在自己的世界，並且由我的觀點去詮釋事物。當我這樣做，我就從沒有聽見你！你的信號沒有意思。如果我強加我的意思在其上，我便會錯過你的信息，我亦誤解了你的感受。

例如，假如過去有人用眼淚使我內疚和操縱我，當我現在看見你流淚時會怎樣呢？幾乎可以肯定，我會用同一方式去詮釋。我認為你是嘗試博取我的同情。

我完全略過你的苦惱！我沒有明白你的痛苦及施予同情，反而視你的眼淚為操縱我的一個聰明詭計。我沒有與你同感苦楚，反而因你的試圖「操縱」而憤怒。

溝通失敗

這就是我們的溝通最常失敗的地方。我對你說：「你看來有些疲倦，你是否病了？」根據我的密碼，意思是：「我關心你，我想幫忙。」但我的評語在你看來似是說你看來老或憔悴。所以，你不覺得好，反而對我的侮辱反感。你由你的觀點接收我的信息，但其實應從我的觀點去聽。為甚麼？因為這是我的信息，是我為信號賦予意義。

或者，以一個丈夫遲了回家來做例子。那信號是甚麼意思？它可以有很多意思。它可以指丈夫與朋友喝酒，也可以指他討厭太太，於是儘量遲些回家。這也可以指他在見另一個女人。這可以指所有會令他太太憤怒的東西。

可是，這也可以指完全清白的情況，包括他要工作至晚間，他去為太太的生日尋找禮物，或他其中一個同事不適，他自願送他回家。所以他的太太要很小心，不要假設她有正確的密碼。她一定要等候，直到她肯定知道他真正的信息是甚麼。

在辦公室的一次小組聚會開始時，一個四十來歲的男人保洛（Paul）把他的椅子從圈中拉後，幾乎側對著所有組員。有幾個組員對於他的信號感到生氣。他以為他是誰呢！他們只假定他自以為是、自覺優越。但並不是這樣。他很害怕其他組員，並且其實是整個小組過程。他們用了自己的密碼，而不嘗試去發現他的，所以他們不能成功地進入他的世界。

我的澄清器

我怎樣能夠肯定我得到你真正的信息呢？我有沒有可以幫助我發現你密碼的工具？我要找出你的密碼是甚麼，因為只有這樣我才能正確地詮釋你的信號和進入你的世界。我可以用我第三種工具幫忙，那就是我的澄清器。

在某些方面，我的澄清器是我最重要的工具。那是我去檢查你和我的解碼器的能力。它讓我能夠明白你是怎樣詮釋我的信號，以及我是怎樣詮釋你的。所以，它給我最好的機會去進入你的世界。這亦是最好的工具讓你去了解我。

換言之，它給我機會去確定你正確地詮釋我的信號，你是用**我**的密碼來解釋我的信號。例如，我告訴你，你看來疲倦，然後我注意到你看來被傷害，我可以查看你聽到甚麼。我可以說：「啊，你看來被我的說話傷害，我真是不夠敏感。」當我讓你感覺我真的抱歉之後，我可以說：「我只想讓你知道我在這裏，我關心你。」

我剛才做了甚麼？我為自己澄清你的信號是甚麼意思，就是為甚麼你看來受到傷害。我察覺到你負面地詮釋我的話語。第二，我為你澄清我真正的信息是甚麼。

一個密碼信息的例子

讓我用一個簡單的密碼給你一個信息，看看你能否解釋它：

Smzatyxynotugbherceosmpebazgo ruenartjlkirshtdewncekr!

我打賭你覺得很難理解。那是可以明白的。它看來像垃圾。直到你知道密碼，才能明白它的意思。你可以怎樣做？因為這是我的信息，你只要問我便行了。當我告訴你密碼是每第二個字母，你便很容易得到正確的信息：「希望你成為很好的聆聽者！」（"May you become a great listener!"）

所以，我們永遠不能肯定對方的信息是甚麼，直至我們澄清那人發出的信息的意義。讓我們都去澄清：「我聽得對嗎？你是這樣說嗎？」

或者如果我是說話的人，而我不知你是否正確地聽到我所說的，我可以問：「對我剛才所說的你覺得怎樣？你看來憤怒，你覺得我是在貶低你嗎？」

或者，「老實說，我不覺得你的計劃可行，但這不表示我不喜歡你，或者不明白你寫這計劃所遇到的困難。我十分明白！我很感激你這麼有興趣。」澄清！澄清！澄清！它能省去我們很多誤會和痛楚。

結論

所以我只有進入你的世界，以你的角度看事物，才能真正聽到你的意思。那是不容易的！最初，我不但深信我的觀點是惟一真確的，我也不明白你怎樣表達自己，尤其事實上你用密碼去表達自己。結果，我以我那些信號對我的意思去解讀你的信號。那只是我留在自己的世界，而不進入你的世界的方法。

要進入你的世界的重要步驟是發現你的密碼，那是你信息的所在。只有在那裏我能夠找到你並且明白你。當我不能領會，我會完全錯過你。

認識到你和我的信號有很多很多不同的意思，對我是很重要的。我不能單從表面觀察你的信號，而知道是甚麼意思。我可以猜，但並不肯定。用任何方法也好，我要澄清，再澄清。

現在我對用來溝通的工具有點深入了解，我要學習更熟能生巧地使用它們！

思考問題

1. 你可否想到一個別人誤解你的「密碼」，因而誤會你的情況？
2. 試看以下這些澄清的問題：

「我聽得正確嗎？你是否這樣說？」
「我剛才所說的，你認為如何？你看來憤怒，你覺得我是在貶低你嗎？」
「我不太明白你的意思。」

對使用這些語句，你感到自在嗎？如果不是，你可想到其他更適合你的語句嗎？

10
讓我們的技巧更成熟

我們與生俱來便有溝通的工具，可是溝通的技巧卻不是與生俱來的，要經過努力和練習才可以熟能生巧。我們不能單給一個人鐵鎚和鋸便叫他成為木匠，也不能單單給一個人畫架和顏色便使人成為藝術家。魯賓斯坦（Rubenstein）有靈感成為偉大的鋼琴家，但他的成就是通過努力和不斷艱苦的練習而得來的。

一個困難的任務

溝通技巧也是一樣，要得到那些技巧比得到其他的更困難，主要因為我們溝通的工具有限，並且容易誤解和犯錯。這是個悲劇，因為能與其他人類清楚和富同情心地溝通，是遠比掌握其他藝術重要的。我需要你明白我，與我感同身受。你需要我明白你。

所以，雖然是困難，我們一定要嘗試以最正確的方式運用和鍛煉我們溝通的工具。我們可以做甚麼？我們可以開始研究我們較易在哪裏和怎樣錯用我們的工具，然後防範那些錯誤。有些地方我們已經檢討過，讓我們現在再逐一看看每一種工具。

我們的傳送器

在溝通上，有時我最大的困難是我的傳送器給你的信號出了問題。太多時候，我的信號是不清楚和不精確的。我想讓你知道你的評語傷害了我，但我不告訴你我受到傷害，我反而攻擊你。我說：「你竟敢對我如此說話！」很差的信號！我不知道你的意思或你的動機是甚麼。你可能完全沒有意圖去傷害我。我只知道我覺得被傷害。所以我應該說的：「喂，那樣真傷害我！」這樣你便知道我的感受，而不會令你感到被貶低或令你要保護自己。你也可以關心和憐憫回應我的痛楚。或者，如果你有意傷害我，你便可以解釋是甚麼令你討厭我，我們便能詳談。

或者，我想告訴你，我覺得你勇敢地堅持自己的想法是對的。於是我對你說：「你這樣堅持真像一隻鬥牛犬。」那是很差的信號！你可能並不以為那是勇氣，你可能認為我是說你堅持且固執。我用了一個很差的信號，用字太不敏感。我應該說：「我覺得你很有勇氣，你對其他人的說話開放，但是除非你真的被說服，你不讓其他人強迫你去接受他們的意見！」這是個比較好的信號。現在你有更大機會清楚地收到我的信息。

雙重信號

有時我的信號是混亂的，因為我給了你混淆的信號——兩個自相矛盾的信號。例如，我想你知道我很孤單和抑鬱，我說這些詞：「孤單」和「抑鬱」，但我說的時候神經質地笑了一笑。或我在微笑，不似是我說話的那個意思。結果你很混亂，一個信號是表達「痛苦」，而另一個則表達「喜樂」。因此你不肯定我真正的意思是甚麼，或者我真正的感受是怎樣。

為甚麼這常常發生？尤其是我非常渴望你能知道我的感受。我不想令你混亂。我想你認識我。

那麼為甚麼我發出這些混淆的信號呢？答案是，我害怕，我害怕被拒絕。我想你認識我，但我很害怕你會誤會我，以為我是個小題大做、愛哭的嬰孩。

所以，當我開始告訴你我的感受，我的恐懼使我微笑及神經質地笑，以致你會以為我在用我的痛苦開玩笑。現在你不會說我是個會哭的嬰孩，我令人覺得我是在開玩笑。這是可悲的！我看來並不尊重我的痛苦，且把它當成小事。我使你非常混亂，你根本不能知道我的真正感受。

典型的例子

幾年前，我們五人在牧者的寓所午餐。餐後，其中一位聖職人員一本正經地說：「有人想去散步嗎？」我不想去，而其他人也是一樣。大約十分鐘後，他進入我的房間，難以置信地不悅！「你還是基督徒嗎！」他大聲說：「有個男人在痛苦中，你卻毫不理會！」

我目瞪口呆！我覺得內疚，立即想，我一定錯過了他痛苦的迹象。我告訴他，我很抱歉，幸運地他坐下來，我們盡情暢談。無疑他正深受傷害，可是他的信號可悲地不足夠。他所感受的痛苦的壓力令他真的呼叫求助，可是他的恐懼使他的叫喊減弱了，他的叫喊甚至不是嗚咽。

這是常常發生的！在我們諮詢中心的一次小組聚會裏，一間大公司的行政人員告訴組員，他剛乘飛機從一個會議回來，他在會議中被他之下的初級行政人員批評得要命。他滿不在乎地說：「是的，我不在乎飛機著陸還是墜下！」

沒有人聽見他！小組接著繼續談話，好像沒有人説過痛苦的話。我等了幾分鐘，然後問：「有沒有人聽到阿祖（Joe）所説的話？他説他不在乎飛機著陸還是墜下！」他們全部靜默，他們因錯過了他的痛苦而感到羞恥。在那一刻，阿祖忍受不住了，他開始啜泣和顫抖。現在他的痛苦十分明顯。

小組反應的差別很大！他們都很留心，很明白。他們替阿祖難過，也表現出來。那些初級行政人員竟不欣賞阿祖的真誠和能力。這是明白和關心的美妙流露，阿祖顯然深深地被他們感動。當阿祖用清楚和適當的信號去表達他的感受，真是有天淵之別！

我們需要確定我們發出的是清楚、合適、協調的信號——用精確的字去表達我當下的感受，適合的面部表情，並特別是適當的語調。

我外在的信號一定要準確地反映我內在的感受，它們一定要表達同一件事情，描繪同一信息。那麼，你便有難得的機會去明白我，與我感同身受。

我們的解碼器

差勁的信號會造成我們溝通上的很多問題，然而，我們主要的問題來自我們差勁地運用第二種工具，未好好地詮釋別人的信號。這是防礙我聽到真正的你的最大絆腳石。我面對無可抵抗的誘惑，去用我的密碼，而不是你的去詮釋你的信號，由我的觀點去閱讀它們，由我的世界的優越角度，而不是你的世界觀看。當我這樣做，我錯過了你，我只聽見自己！

我們最好和最仁慈的那面跌落這試探裏。我們很自然地從自己的角度看東西。我需要作一個堅決、著意又有意識的選擇，去把我的觀點擱在一旁，而從你的眼睛去看你在說甚麼。這是需要不住提高意識的選擇，亦需要不斷的練習。

你在緊張地笑；我知道當我憂慮的時候，我會那樣做。或者，可能在你的情況來說是這個意思，但我不能肯定。所以我不能總括說你的密碼與我的一樣。我可以問你：「你還好吧？」看看你會否向我澄清你的感受。

或者你在哭。那是甚麼意思？我不能因為我憂傷的時候會哭，便斷定你很憂傷。你的眼淚可能是因聽到好消息而歡喜的眼淚，又或者你剛閱讀一些令你感動的美麗東西。直到我發現你的密碼，我才能真正明白。如果我要為你去到那裏——聽見且明白你——我就要進入你的世界。我要有意識地選擇，由你的觀點去看你的經驗。

個人衝突

如我們所見，這常常是很困難的。可是，當你和我互相誤會的時候，這幾乎是個超人的任務：當你指控我自私或心懷不軌，而我從沒有這樣做。你的責備令我受到很大傷害，我只想你聆聽我和明白我。我想告訴你：「我不是自私，我計劃了整個會議，使人能夠認識你和你所做的一切。」我渴望你看見這點並且承認！

在此刻，我很難去思想你說我所造成的痛楚。我不能感覺你的痛，我只能感受我自己的。我自己的痛的尖叫聲很大，所以我不能聽到你。我想要做的，是更正你對我的錯誤印象。我想被肯定，我需要釋放。

問題是你的景況也正是那樣，你也正受傷。正如我所需要的，你也同樣需要從我而來的明白。我們都不應該被責備，我倆都是受害者，需要別人的明白。

我要令自己領悟到這點！有人要先破冰，我知道那一定是我，因我是在一個較好的位置，知道我們之間發生了甚麼事。我想埋怨你，可是我不應埋怨你。你和我一樣的痛苦。傷害。困惑。覺得被我出賣。我一定要令自己聽到和感受到那痛苦。

當我令自己去聆聽你，那報酬是無法形容的！你開始覺得釋放，於是你能夠放鬆且開始明白我。我們再一次找到對方。

我們的澄清器

最後我們來到那美妙、最有幫助的工具，卻不幸地也是我用得最少的——我的澄清器，我查看你聆聽得如何及我聆聽得如何的能力。我是否正確地拆解你的信息？抑或我因自己扭曲了的想法，因你無意造成的傷害而有所反應？

「我聽得正確嗎？這是你所說的嗎？」「我剛才

所說的，你認為怎樣？你看來受傷害，我希望你不要以為我有貶低你的意思。如果你這樣想，我會覺得很不舒服！」

「聽著，我不同意你的部分計劃，但並不表示我不同意整個計劃！我認為它有其優點。我也欣賞你放了這麼多時間和精神在這計劃上！」我們單單要花時間去澄清！這容讓我去聽見你，同時也給你難得的機會去聽見我。

結論

我們溝通的工具都是有限的。它們可能充滿誤解和誤讀，但它們是我們惟一所有的工具。最佳的方法不是花時間因它們的限制而懊悔，而是儘量小心地用它們，小心那些容易引導我們走錯路的地方。

如果我真的欣賞好好聆聽那無法形容的醫治能力，那麼沒有限制能阻止我盡最大的努力。

思考問題

1. 你有沒有發現自己發出混淆的信號，例如嘲笑自己的感受，以感受開玩笑，如同它們是不重要的？
2. 你是否可以形容一個情況，是你誤會了對方，因為你沒有澄清他／她在說甚麼？

11

主要的溝通形式

溝通有幾種不同的形式，每一種都是要達到一個明確的目標。例如：當我們在早上打招呼，好像只是「打發時間」一樣。「早晨，你好嗎？享受今天。」在這種溝通，我們除了禮貌地承認別人存在，我們不期望別的。

有一種類似的溝通，通常叫「閒談」。當我們在超級市場排隊或在巴士遇到相識的人，我們也會這樣閒談。我們會批評時事或昨晚的電視節目，我們不會提起個人或富有意義的話題。

偶然，一個人會在閒談中帶出一個很深入的問題或傷害，完全忘記那不是討論這種問題的時候。那真是一個錯誤，並且一定帶來之後的失望。

在一個閒談的環境裏，是沒有時間和私人空間去處理真正的痛苦，所以結果通常很差。我們傾訴的對象會覺得唐突和尷尬，不曉得如何回答。我們應該明白和尊重每種溝通形式的目的，包括閒談在內。

三個主要形式

此外，有三種溝通對我們來說是很重要的，每種都帶著不同的目的。

那就是（1）忠告，（2）說服，和（3）自我揭露（我們到目前為止研究了很久的溝通形式）。讓我們逐一看看。

忠告

雖然忠告有它的限制和局限，但它是一種有效的溝通形式。忠告就是我向你尋求指導，因你在某方面有很多知識及經驗。我會請教你，根據你的認識，我應該怎樣處理某個問題。例如，如果你是一個合格電工，我會問你我應在哪裏放熱線（按：或稱火線）和在哪裏放中線。

我的請求是合理的。在這方面，你比我更有知識，你可以使我避免愚蠢的錯誤。對於你告訴我要怎樣做，我不會覺得反感。相反，我很歡迎你的意見，因為它幫助我解決問題。

可是，忠告也可以是充滿問題的。因為忠告者在他們的專業有相當的技術，他們常以為自己也是其他方面的專家。他們開始在他們專業以外的範疇提供意見。因為我是一個資深的電工，並不表示我是一個專業的婚姻輔導員。所以，當我離開電力的範圍而開始告訴你婚姻生活應怎樣，我便是超越了界線。你是絕對有權對此反感的。

再者，忠告者習慣了給予忠告，於是就算別人沒有要求，他們也常常自動獻計。當我這樣做的時候，你一定不得已地對此反感。你的空間被侵佔了，你覺得被侵犯。

最後，我必須領悟到，忠告只是忠告，沒有別的了。它不是一組你需要遵從的命令。就算你向我求教，你最終怎樣做，決定權在你手裏。我也不應因你不接受我的提議而反感。我沒有權利奪去你自己作決定的權利。

我要很小心地提醒自己，因為我很容易勉強你接受我的意見，或者因你不依從我的意見而憤怒。你的決定是你的權利。我不能為你的生命負責！

説服

第二大形式的溝通是説服。説服是我要盡力使你同意我的意見或行動計劃。説服是任務為本的溝通。它是關於意見和行動計劃的，目的是儘量達成協議。説服的成功在於你我所達成的協議有多大。

當我説服你的時候，我儘量清淅地告訴你我的意見，給予你我想到的最好理由去使你同意，或者跟隨我的行動計劃。我嘗試用吸引你的原因去打動你。

例如，我嘗試游說我太太，我們要儲錢購買一間新屋。我知道她喜歡度假和每星期在外吃飯兩次，所以叫她放棄這些愛好而儲錢，是我要面對的其中一個困難。為了說服她，我可能會形容有屬於我們自己的地方的喜樂，從我們可以按自己喜好裝飾和別具風格地招呼朋友而來的滿足。

或者作為一個校長，我會向員工建議一個計劃：我們在早上七時三十分開始上課，十二時三十分放學。我提出，這樣就沒有人需要輪午餐職務，而且我們會有下午的空閒時間：我知道這兩點對教職員來說是很吸引的。

說服的重要性

說服是一種很重要的溝通。我們運用說服去廣傳信仰，爭取福利改革和改善精神健康的計劃。我們說服朋友去參與匿名戒酒會，引發兒童對敬畏和尊重的理想，和帶別人返教會。這本書其實也是說服的一種，嘗試去說服讀者我們聆聽能力的美，以及它能做到的好處。正如使徒行傳裏，保羅嘗試用各種辯證和勸導，叫人相信主耶穌基督。

説服的限制

正如忠告一樣，説服也可以被濫用。嘗試令你同意我的觀點，這當然是公平的，可是有一點是非常重要的，就是我不能侵犯你的自由。使用武力——無論是身體上或是精神上的，都會把説服變為操縱，是一種極醜惡的不尊重！

還有，當我嘗試去游説，我試圖令你做些對你，或者我們有益的東西。可是，我要小心，避免令你以為如果你不同意我的意見，你便是愚蠢或壞。我甚至可以提供相反觀點的理據，讓你自己去做決定。我讓你知道當你因吸煙而引致長期咳嗽，我會多麼難過。

操縱則是迥然不同！在操縱裏，我完全不替你著想。我會令你做些方便我的事，即使這是對你不好的。當我知道你非常疲倦及極之需要休息，我還游説你送我去購物。那不是關心你。最重要的是方便我。操縱是非常自私的。

一種常見的操縱，是用「驚嚇的手段」以恐懼或內疚的形式操縱。如果你不照我的意思去做，我就威脅要揭露你隱藏的祕密。那是恐怖的虐待！又或者，我說如果你不照我的話去做，你便是自私和不敏感，以令你內疚。

難以置信地，這是常常發生的。人們用情緒上的傷害去扭轉他們朋友的感受，使朋友同意他們的意思。這遠比說服殘忍。說服讓人有自由，自由地做決定及跟隨他們的決定而行。

在說服的過程中，我真正尊重你和我自己。我嘗試使你看見這行動是對我們最好的，而且，我開放地聆聽你在這事情上的意見。

任務為本

因為說服是「任務為本」的，衡量我在這種溝通上是否成功，在乎我可得到你對我有多大程度的贊同，或者我因你說服我而有多大程度贊同你。重要的是我們能達成多少協議。

我要知道，説服的用意不是去證明我的意念或計劃比你好；這是很重要的。説服的目的不是證明我比你優越，其目的是協議和真理！

在這情況下，就算我發現你的意見比我的好，我作為人的價值也不會因此減少。如果我不能夠承認這點，我才是一個比較差的人。説服不是一個贏或輸的建議，而是找尋可以達成的最大協議。

説服的助手

很多時，完全同意的狀況似乎是不可能達成的。你肯定地支持你的計劃；我也支持我的。我們可以怎樣做呢？我們怎樣解決我們的不同而完成任務呢？

為了達成這個目的，我們需要一個特別的工具叫「妥協」，有彈性地放棄一些，以得到一些。

例如，我想叫我的朋友和我一起去佛羅利達州（Florida）度假一星期。可是，他對他的工作很認真，覺得一星期太長了。我提醒他，我們有其他人可以代替他，而且他應該離開去輕鬆一下，這對我和他都有益處。

他想與我一起去。我知道我倆都會享受這假期，但是他不想自己離開這麼久。我們誠懇、坦白地持不同意見。是否沒有希望？不，我們可以妥協！我對他說：「不如我們用一個長週末的時間去，好嗎？」我真是想去一星期，可是為了享受我們一起的時間，我願意放棄幾天。我尊重我想要的，也尊重他對工作的感受。

我以前覺得妥協是懦弱的行為，那是因為我把它看作犧牲自己的原則。那便是懦弱！但是，在這裏使用，它是指放棄一種方便而去得到另外一種。

自我透露

最後，亦是最重要的一種溝通形式，就是自我透露。這種溝通是關於感受，我們在此的目的不一定是要達成協議，而是去接受、明白和關心。

在這種最高尚的溝通形式裏，我不是要游說你，使你同意我的意見或者跟從我的指示。如果你同意我的感受是適當的，那是好的，但你不需要同意，才能明白和肯定我的感受。換句話説，自我透露不是任務為本的，它是以人為本的！自我透露其中一個目的是被明白和被肯定。

你只需明白我有這感受——我覺得孤單和憂傷或失望或被貶低，又或者我覺得很開心。即使你覺得我的反應過敏，我的反應其實並不恰當，你也明白並且不會嘗試去改變我的感受。

你不是要讓我帶著一個虛假的觀念離去。最終，當我準備好去聽你的時候，你可能會認為我在這情況下過度反應了——我可能帶著很多從過去而來的憤怒。可是你知道我現在不能聽進去，因為我有太多痛苦。所以，現在你在我能聽見你的地方與我相遇。你讓我知道你明白我所受的傷害，並且與我分擔。

例如，假設你是個高中教師，在情緒失控下打了你一個學生。之後，你告訴我，你感到很內疚且抑鬱。就像打開了一個黃蜂巢，校長追著你，家長會拿你到法庭。你覺得自己愚蠢和笨，竟因一個新學生而沉不住氣。

我明白這些恐怖的感受而且為你難過。我不能同意你所做的事是對的。那不是對的！可是，我能夠明白學生是可以使老師很惱怒的。我感受到你的憤怒和失望，以及讓你知道，我明白這種事是很容易發生的。我可以向你保證，你是個優秀的老師——這件事不會使你不再卓越。

這便是你所需要的。你不需要我撒謊說你做得真對，你自己知道不是這樣！你需要我去明白和體諒。

大錯誤

我們在自我透露的時候犯的其中一個錯誤，是把自我透露和說服混淆。試想想，例如，我令你明白我意思是要你同意我！並不是這樣。雖然我當然不同意那教師朋友所作的是對的，但我可以明白他，並且能夠感同身受。

幾年前，在辦公室的其中一個小組裏的一位神父犯了這樣的錯誤。他是一位很勤懇的教區神父，他的職務之一是每星期去學校教宗教課。那間學校的校長是很講究規矩的。她辦了一間優秀的學校，但對教師及教區神父要求很嚴格。如果神父不準時到達課室，她不許他們教學。

一天，這李察（Richard）神父怒氣沖沖地回到小組裏！他在寓所被遲延了數分鐘，於是校長拒絕讓他教書。他惱怒地向其他組員表示他的失望和憤怒。他呼叫：「她應被趕出學校！她是一個死板的律法主義者，給學生一個糟糕的示範！」

使他出乎意料之外，小組內沒有人回應。他似乎很失望，所以他重申那校長應被辭退。他們沒有反應，李察身心交瘁。

我容讓那些感受停留在那緊張的氣氛數分鐘，然後我介入了。我對小組說：「對發生在李察身上的事，你覺得怎麼樣？」反應熱烈！他們都因那校長，和她令李察受到的傷害和羞辱而狂怒。終於，他感到被明白，並且他的感受被肯定。

他的大錯誤在於，他以為要令別人同意那校長是個不合適的教育者。他們不能夠那樣做，因為那不是真的。她死板而不肯改變，但總括來說，她作為一個教育者的得分是很高的。

李察把自我透露與說服混淆了，這令他有很多痛苦和失望。小組可以深深地感受他的傷害，而不同意那校長應被罷免的想法。

結論

總括而言，說服是我嘗試去游說你，使你同意我的意見。主要的討論點是意見的範圍，而目標是達成協議。協議的範圍愈廣，我們的溝通便愈成功。

另一方面，自我透露則是以情感為中心。在這裏，我的目的不是要改變你的意見，也不是要說服你去作甚麼行動。在這裏，我的目的是要你明白我，並且肯定我。

因此，我明白到這點是很重要的——我確切地明白在我們的談話裏，我所需要的是甚麼，並且準確地令你知道我的需要。例如，我可以對你說：「彼得（Pete），我需要你聆聽我，我覺得很混亂。我不知道我對那男子的反應是否正確，可是他的評語令我很難過。我只需要你明白我！」我在幫助你知道我的密碼，幫助你在我最需要你的地方與我同在。

我亦應該同樣待你。你此刻需要甚麼？你是否嘗試説服我去幫助你做一些你喜愛的計劃？抑或是需要我在這裏與你感同身受，明白你在經歷些甚麼？當這是你真正的需要，我可以把有關協議的問題放下，直接去到你痛苦的核心。

思考問題

1. 你曾否在一個閒談的情況下表達一種很強烈的感受？結果怎樣？
2. 你曾因別人不接受你的忠告而生氣嗎？

12

醫治的能力

看見別人無緣無故地承受痛苦，看到在我們沒有做錯事時，那巨大的內疚和羞辱卻充滿了我們；這令我很悲哀。別人不切實際的期望令我們感到自己討厭；他們的無禮令我們覺得自己必定出錯了。這真是不公義！相比真正的內疚，我們可能因這神經質的內疚承受更多痛苦。

我並不否認我們生活上可能有真正的內疚！作為成熟的成人，我們必須為我們的言語和行為負責。當我們特意做些事情去傷害他人和貶低他們，我們應該覺得內疚。我們應該道歉和作出補償。

不過，對於我們大多數人，我們很少殘忍地對待他人。可是那不代表我們不會受到羞辱的傷痛或欠缺自尊心。我們很多時都被神經質的內疚折磨。

不是無助的

知道我有力量，帶給我興奮的感覺！扭轉我的神經質傾向的力量，以及醫治你一些傷口痛楚的極好力量！當你真的傷痛，我可以在那裏。我可以讓你知道我明白，我關心！我細心的聆聽可以紓緩你充滿痛苦的感受，讓你感受到一點平安。最重要的是我能給你莫大的欣慰——你的感受是可以接受的，你並沒有問題！**這不是我虛構出來的**，而是事實！我只是幫助你去看和感受它！

這是個無法抵擋的想法——我居然有力量去這樣做。這是一個特權，也是一個責任！我為我未能完全用盡這驚人的力量而感到內疚。我只知道，我現在想成為一個好聆聽者，這比其他東西重要。我想成為一個醫治者。

障礙

對我來說是有意義的，我應該開始去嘗試找出我以前沒有這樣做的原因。我做錯了甚麼？我沒有採取甚麼步驟？對大多數人來說，最大的問題是我們太過專注於自己身上。我雖然很不想去承認，但就是這大問題。我太專注於我的思想，我的觀點，我的傷害和渴望被明瞭！我容讓我的「東西」充滿我的腦袋和內心，以致沒有空間去給你和你的痛楚。

那不是說我的需要是不重要的。可是，如果我要成為一個可以醫治人的聆聽者，我便要在聆聽你的時候走出我自己的世界。我不能在自己的世界聽見你。我一定要進入你的世界！

我要嘗試去發現你的觀點，你信號的意思，以及你用來表達你的感受的密碼。只有這樣我才能知道你的感受，並且與你一同去感受——讓你知道這是可以的。

不容易的任務

我知道這是不容易的任務，而面對現實是對我有幫助。我們每人每日都下決心去練習。當我在你面前，讓我將所有注意力都集中在你身上——用我的眼睛去閱讀你，聆聽每一個字，注意你的聲線，觀察你的態度、情緒和你整個人。我那麼留心會令你覺得很特別。這樣會給我洞察力去明白你的密碼和你的感受。

讓我就我的聆聽習慣，誠懇地問我的朋友。我可以對我親密的朋友說：「你知道嗎，有時我覺得自己不能真的聽到你的感受。我感到抱歉。那樣對你不公平！那是我給你的印象嗎？你曾否因為我所做的或沒有做的，覺得被傷害或被忽略？」

當我承認我的限制，我的朋友會較容易去指出他們所觀察到的限制。好朋友會為我這樣做。他們會對我坦誠，讓我知道我的聆聽模式是否有缺點。他們會這樣做有兩個原因：因為他們想幫助我，以及因為他們想我更準確地聆聽他們！

聆聽得不好

當我知道我聆聽得不好絕對會引起的傷害，這幫助去推動我。原來當我聆聽得不好，我是對你的自我價值傳送輕蔑的信號。雖然我完全沒有意圖去傷害你，我可以傷害得你很深。我不想認為自己曾為你帶來那些痛苦，但我知道我有。讓這痛苦的領悟阻止我在將來傷害別人！我想醫治，不是傷害！

我自己的釋放

察覺到人類性格的這些動力，對我自己的內疚和羞辱的掙扎也大有幫助。當我周圍的人容易動怒或是不敏感，我可以明白到我那不安的感受是內疚。我可以告訴自己：「你覺得被責備和不配，但你沒有權去這樣想！這不是你的問題！你沒有做錯甚麼事。」

能夠指出那些討厭的感受及領悟到它們是不恰當的，是多麼釋放！我因此能放下那些感受！

委身

願每個閱讀這本書的人都有那堅強和勇氣，誠實地作以下的祈禱：「主啊，幫助我竭力追求這高尚的情操，叫我永不折返。像祢一樣，叫我能夠行善！願人提及我時，像提及祢一樣：凡祂所接觸的人都被醫治！」

思考問題

1. 你可否提出兩個你可完成的具體策略，幫助你邁向成為好聆聽者？
2. 考慮在你的日記或每天的屬靈反思裏加上你邁向成為好聆聽者所付出的努力，或開始每天為自己要成為好聆聽者反思。

真善美叢書

按照聖經教導，重尋人生真善美。

這段路，我們一起走——與漸老的父母交換心聲
Voices of Aging: Adult Children and Aging Parents Talk with God

米西‧布坎南（Missy Buchanan）著／陳恩明 譯／HK$68

讓他走，該走的路——塑造孩子未來的九種性格特質
The Life You Want Your Kids to Live

萊斯‧帕羅特三世（Les Parrott III）、老萊斯利‧帕羅特（Les Parrott Sr.）著
陳翠婷 譯／HK$63

孩子如何栽培父母——逆轉角色的親職之旅
How Children Raise Parents: The Art of Listening to Your Family

艾倫德（Dan B. Allender）著／陳永財 譯／HK$93

戀愛靈旅——給戀人的靈修書
Devotions for Dating Couples: Building a Foundation for Spiritual Intimacy

賓‧楊（Ben Young）、撒母耳‧亞當斯（Dr. Samuel Adams）著／明朗兒 譯
HK$68

婚姻靈旅——給愛主夫婦同心操練的十項挑戰
Marriage Spirituality

保羅‧史蒂文斯（Paul Stevens）著／胡玉藩、伍美詩 譯／HK$78

愛能長久——重建婚姻關係
Strike the Original Match
司轀道（Charles R. Swindoll）著／曾淑儀 譯／HK$88

同牀異夢——婚外情的轉機（增修版）
黃麗彰 著／HK$58

當我繼續走下去——喪偶或離婚後重新擁抱生命
From We to Me: Embracing Life Again After the Death or Divorce of a Spouse
蘇珊·索納貝爾提（Susan J. Zonnebelt-Smeenge）、羅伯特·德弗里斯（Robert C. De Vries）著／郭靈飛 譯／HK$78

不必完美，仍能完全
Stronger Than You Think: Becoming Whole Without Having to be Perfect
金·蓋恩斯·埃克特（Kim Gaines Eckert）著／草木 譯／HK$108

誰叫我美麗——認識神眼中的你
Who Calls Me Beautiful?: Finding Our True Image in the Mirror of God
理賈娜·富蘭克林（Regina Franklin）著／郭靈飛 譯／HK$68

全然美麗——箴言三十一章的女性
Beautiful in God's Eyes
伊利莎伯·喬治（Elizabeth George）著／丘玉竹 譯／HK$108

路得的故事——女性生命中的 12 個關鍵時刻

The Story of Ruth: Twelve Moments in Every Woman's Life

卓淼娜 (Joan D. Chittister) 著／陳秋蓮 譯／ HK$58

她們的改變——與跟隨耶穌的婦女相遇

The Magdalene Gospel: Meeting the Women Who Followed Jesus

阿什克羅夫特 (Mary Allen Ashcroft) 著／陳秋蓮 譯／ HK$58

她們的聲音——再遇跟隨耶穌的婦女

Spirited Women: Encountering the First Women Believers

阿什克羅夫特 (Mary Allen Ashcroft) 著／陳秋蓮 譯／ HK$63

傾聽——讓聆聽觸摸生命

The Good Listener

詹姆士·沙利文 (James E. Sullivan) 著／陳玉儀 譯／ HK$78

對話靈程——真誠的信仰與生命成長之旅

邵樟平、尹妙珍 著／ HK$58

讀者意見表

緊扣時代 服事教會

以文字傳揚基督真道

衷心多謝你購買本社書籍。本社一直致力以出版事工服事教會，幫助信徒扎根於神的話語，促進靈命增長。為使我們的出版更能滿足你的需要，請填寫下列各項資料，並寄回或傳真予本社。

所購書籍：＿＿＿＿＿＿＿＿＿＿

本書最吸引你的地方：

□作者　□適切性　□文筆　□設計　□實用性

□其他：＿＿＿＿＿＿＿＿＿＿

購買本書地點：

□基道書樓　□基督教書店　□非基督教書店

性別：□男　□女　職業：＿＿＿＿＿＿＿＿

信仰：□基督徒　□非基督徒

年齡：□ 16 歲或以下　□ 17～25 歲　□ 26～35 歲

□ 36～55 歲　□ 56 歲或以上

學歷：□中三或以下　□中五　□預科

□大學　□研究院

□我欲更多了解基道出版社的事工及考慮支持，請寄給我下列資料：

□機構簡介　□新書資料　□基道會員通訊

□《基道文字事工通訊》

姓名：＿＿＿＿＿＿＿＿＿＿電話：＿＿＿＿＿＿＿＿

地址：＿＿＿＿＿＿＿＿＿＿＿＿＿＿＿＿＿＿＿＿

＿＿＿＿＿＿＿＿＿＿＿＿＿＿＿＿＿＿＿＿

傳真：＿＿＿＿＿＿＿＿　電子郵件：＿＿＿＿＿＿＿＿

其他意見：＿＿＿＿＿＿＿＿＿＿＿＿＿＿＿＿＿＿

＿＿＿＿＿＿＿＿＿＿＿＿＿＿＿＿＿＿＿＿

多謝賜教！

意見表可以傳真（2687-0281）或直接郵寄以下地址：
香港沙田火炭坳背灣街26號富騰工業中心1011室
基道出版社編輯部收